U0354642

就想开一家
自己的小店
又赚钱

宇琦 ╱ 著

中国华侨出版社
·北京·

图书在版编目(CIP)数据

就想开一家自己的小店又赚钱 / 宇琦著. -- 北京：
中国华侨出版社, 2023.1

ISBN 978-7-5113-8701-1

Ⅰ.①就… Ⅱ.①宇… Ⅲ.①商店－商业经营 Ⅳ.
①F717

中国版本图书馆CIP数据核字（2021）第243784号

就想开一家自己的小店又赚钱

著　　者：宇　琦
责任编辑：李胜佳
封面设计：韩　立
文字编辑：胡宝林
美术编辑：盛小云
内文供图：摄图网
经　　销：新华书店
开　　本：880 mm × 1230mm　　1/32　　印张：8　　字数：170千字
印　　刷：德富泰（唐山）印务有限公司
版　　次：2023年1月第1版　　2023年1月第1次印刷
书　　号：ISBN 978-7-5113-8701-1
定　　价：38.00元

中国华侨出版社　　北京市朝阳区西坝河东里77号楼底商5号　　邮编：100028
发 行 部：(010) 58815874　　传　真：(010) 58815857
网　　址：www.oveaschin.com　　E－m a i l：oveaschin@sina.com

如果发现印装质量问题，影响阅读，请与印刷厂联系调换。

前言
Preface

　　现在举凡衣食住行、家庭服务、娱乐休闲等各行业都存在小店当道的情形，无论是服装鞋帽店、杂货店、小吃店等竞争激烈的传统小店，还是玩具店、宠物店、布艺店、香熏店、网店等创意无限的新潮小店，可谓五花八门，比比皆是。俗话说：打工不如开店。开一家小店，给自己打工，这是许多人的梦想，也是时下较为方便的投资创业途径，以其创业成本低、收益快、灵活自由而备受青睐。

　　然而，开什么店？怎么开店才能赚钱？这可不是一念之间就能搞定的，其中的学问大着呢！君不见：即使处于同样的位置，有的店开得有模有样，一个月能赚很多钱，有的店里则冷冷清清，经营惨淡。就像浪里淘沙一样，尽管有成千上万的各式店铺在鞭炮锣鼓声中开张，由此可能会催生很多个百万富翁、千万富翁，但也会有很多店铺黯然关张，甚至赔得血本无归。所以说，开店有学问，赚钱有门道，开店并非简单的加减乘除，从项目的定位、店址的选择、店面的装修、卖场的打造到店铺的经营，任何环节都马虎不得。

小店虽小，学问不少，其中的奥妙需要投资者细细品味。或许你正在筹划开一家属于自己的店铺，但是面临其中一个又一个的难题，使你无从下手；或许你的店铺早已在经营中，却遇到不少让你把握不准，不知如何抉择，又不知该向谁请教的问题。不用愁，本书将为你解决这方面的问题，会将成功开店者用汗水和金钱换来的宝贵经验奉献给你，帮助你成功开店，过上自己想要的生活。

本书避开了一般同类书重理论轻实例的弊病，摈弃抽象、空洞的说教，完全针对现实生活，用通俗生动的语言，讲述一个个店主的成功创业故事，从中揭示其创业灵感、经营艺术、经验教训等，然后深入总结其行业特点和市场前景等，为后来进入者助力支招。数十个经典成功案例涉及各行各业，既有传统项目，更有许多你闻所未闻的创业金点子，让你了解更多行业新知识，开阔视野。其中一些案例甚至可以如法将别人的成功复制过来，可操作性极强；更多的当然重在抛砖引玉，带给你的主要是一种思路、一些启示，希望你能举一反三，找到更适合你的开店之路。

目录
Contents

第一章 开一家主题餐饮店

——把"趣味"融入"美味"

第二章 开一家个性服装店

——专为特殊顾客服务

第三章　开一家时尚家居用品店

——让别人的家也靓起来

第四章　开一家美容保健店
——传播美与健康

就想开一家自己的小店
又赚钱

第五章　开一家宝宝用品店

——让爱心开出"花"来

第六章　开一家创意服务店
——想赚钱就要脑洞大开

就想开一家自己的小店
又赚钱

第七章　开一家文化用品店

——你的品位就是你的赚钱法宝

第八章　开一家特色娱乐休闲店

——玩也可以玩出成功来

就想开一家自己的小店
又赚钱

开一家主题餐饮店

——把"趣味"融入"美味"

生日主题餐厅，要的就是专业和特色

现代工作和生活节奏的加快，使更多人无暇在家里自己庆贺生日。若开设一个以生日为主题的餐厅，在形式上突出生日的特色，肯定受消费者欢迎。

🎁 **小店成功案例**

林先生在一个很偶然的机会看到一本书中的介绍说，根据概率来推算，在一个万人居住的社区里应该天天有人过生日，于是他觉得投资生日主题餐厅有市场，并付诸了实际行动。在选址上，林先生将餐厅选在大学城附近，主要是考虑到年轻人更容易接受生日主题餐厅。

林先生的餐厅已经开了将近一年，当初前期投资将近30万元。林先生的生日餐厅开业后，他在校园内做了大量的宣传，刚开业就取得了很不错的成绩。后来，由于他的生日主题餐厅出了名，当有学生过生日时，大都会一起来生日主题餐厅举行小型生日宴会。

🏪 就想开一家自己的小店
又赚钱

🌸 小店前景分析

　　根据概率推算，在一个万人居住的社区里应该天天有人过生日，这不能不说是个潜在的大市场。生日一年只有一次，对于大多数人来说，其隆重程度不亚于任何节日，其中以新生儿和老年人的生日庆祝尤甚。作为中年人，为孩子和父母搞一个隆重的生日宴会是爱心和孝心的表现。对于青年人，和好友在一起搞个浪漫的生日聚会，既能增进友情又显得温馨浪漫。若开设一个以生日为主题的餐厅，在形式上突出生日的特色，肯定会受到消费者的欢迎。

　　经营生日餐吧，关键是要足够细心。比如为新生儿庆一周岁生日时，所摆设的宴席在菜品名称上要突出健康成长、前途无量等含义，要为孩子准备好寓意吉祥的小玩具和婴儿车等设施。为老年人摆寿筵时，要准备好寿面、寿桃等传统的祝寿食品，菜名则要体现长命百岁等寓意，环境上的装点则以万寿无疆的寓意为主。年轻人多喜爱西式的生日聚会，就应该为他们准备蛋糕、蜡烛和新奇的生日用品，还可以帮助策划生日宴会的节目。情人过生日时多喜爱营造二人世界的浪漫气氛，浪漫情调的小屋、烛光下的对酌细语等是恋人喜爱的氛围。所有这些都要求经营者多了解古今中外的生日典故和庆贺形式，让消费者感到在此过生日不但有意义，还能获得知识和趣味。

减肥餐馆，健康新选择

目前的减肥产品虽然铺天盖地，然而减肥餐馆却很少见，谁能独具慧眼，捷足先登，定会生意兴隆，财运旺盛。

小店成功案例

太原有一家餐馆，是专门为减肥者而开的。该餐馆所提供的全部是低热量、低脂肪的食品，并在餐馆内设有免费咨询服务台，不仅为顾客提供指导，还为顾客免费设计每周食谱或疗程食谱。顾客可根据自己的情况在餐馆订餐，也可以按照餐馆提供的食谱自我安排，餐馆甚至还会为顾客提供一些减肥净菜。

由于很多想减肥的人自己并不能把低热量、低脂肪的各种食品烹制成美味，所以该餐馆自从营业以来，一直都顾客盈门，每年的净盈利都在 20 万元以上。

小店前景分析

当今社会的肥胖者越来越多。减肥成为热点，众多商家绞尽脑汁，各种减肥器材、药品、饮料，甚至饼干、肥皂、腹带、枕头，凡是能想得到的减肥产品都会应运而生。顺应这种需求，开一家提供减肥食品的餐馆，既能满足那些肥胖者的胃口，又能达到减肥或控制体重的目的，岂不是一举两得？

减肥餐馆因经营者少，定位准确，投资不大，而且物美价廉，适应大众的消费需求，定能赢得消费者的青睐，只要精心经营、不断创新，经济效益并不比开火锅店、美食店差。

减肥餐馆所面向的大多数是女性，所以在开这类餐馆时应始终围绕这一点，无论是选址还是店面装修，以及食物的选择和食谱的制定，都要能对她们产生强烈的吸引力。一般供应的食物既要低热量、低脂肪，同时也要考虑其营养需求。为了把握好这一点，开店的一大关键就是要请一个营养搭配方面的专家来当顾问。同时也可以将这一做法作为店铺宣传的突破口，使人们确信你的减肥餐能够达到减肥的目的，而非以减肥做幌子。

在各种减肥食物中，蔬菜占据较大的比重，所以如何将这些清淡的蔬菜做成适合客人口味的佳肴是经营的一大关键，因此要请一位"素菜高手"来为自己的餐馆掌勺。

减肥餐馆在经营方式上最好采用套餐、快餐形式，套餐搭配的种类不仅要有不同的风味，还应从科学的角度提供不同的功能，如茶肴、花肴、减肥冰激凌、减肥套餐、健美套餐、美容套餐等。减肥餐馆还应提供适合不同减肥阶段的套餐，以供减肥者选择。餐馆最好能提供就餐咨询服务，为有需要者提供指导，以进一步加强餐馆提供食品的减肥、健美、美容的效果。餐馆还可以设计每周食谱或疗程食谱，顾客可根据自身情况在餐馆订餐。

小小烤鸭店，坐收丰厚利润

很多中国人都喜欢吃烤鸭，但由于地理、人文、历史等原因，各地的烤鸭口味并不相同，所以开烤鸭店，也是个挺灵活的生意。

小店成功案例

在上海有一家小小的烤鸭店，每天下午3点以后都可以看到排队买烤鸭的长龙，在当地特别出名。看来，开一家小小的烤鸭店，真的不仅能每日沉浸在四溢的香气中，还可以坐收较丰厚的利润。

烤鸭店当然鸭子是主角，但挑选鸭子也是一门学问，经营者一定要挑到特别符合当地人口味的鸭子品种。接下来就是请师傅了，经营者自己拜师学艺也可以。特别注意的问题是，一定要熟悉和了解当地人的饮食习惯和口味。

按一般情况来看，每天至少售出160只烤鸭，一个月就能收回成本。

只要口味好，一般烤鸭店的生意都是非常好的。随着电烤炉的一股热气上涌，一只只光亮喷香的烤鸭便被挂在了透明的橱

就想开一家自己的小店
又赚钱

间……每天如此。

拿上海这家小烤鸭店来说，他们每天卖出的烤鸭至少在160只以上，周末的生意自然更好一些，卖出200只烤鸭不成问题。

小店前景分析

如果烤鸭实行统一零售价，例如，12.8元一斤，按照每只烤鸭5元钱的利润、每天至少售出160只烤鸭计算，平时每天的盈利应该在800元以上了。这样一家烤鸭店每天的开销是830元左右，每月算下来大概是25000元，每天的营业收入是3500元左右，再除去人员工资等开销，月盈利在2.4万元以上。如果是开一家一般的烤鸭店，一个月的盈利，就已经赚回全部成本了，收益应该是相当不错的。

需要注意的一点是，由于开一家烤鸭店需要的启动资金相对较多，需要店主有一定的资本。

只有"20台"的茶餐厅

小小的茶餐厅只要做得好，也可以收获不菲的盈利，更有人从"20台"的茶餐厅这一小型创业中获益匪浅。

香港人曾先生首次杀入餐饮业是在 1999 年。当时，他在沙田大围开了一家只有 4 张台的茶餐厅。由于之前他从来没有做过此行业，天天想着怎样才能做好，一年之内整个人瘦了十多斤。所幸，小小茶餐厅虽规模不大生意却不错。2000 年，曾先生在沙田新田开了另一家有 20 张台的茶餐厅。有了第一次的成功，第二家茶餐厅的生意也不错。赚了钱的曾先生听说台湾生意好做，于 2001 年又在台湾开了第三间茶餐厅。这一次，茶餐厅的规模仍旧不大，还是 20 张台。2002 年，曾先生杀回香港，在九龙又开了一间茶餐厅，同样，还是只有 20 张台。

曾先生开店有个宗旨：一是面向大众，二是经济实惠，三是环境优雅，四是卫生洁净。香港人生活节奏快，不少人早餐、中餐并作一顿，茶餐厅与香港人的生活步子合拍，市场潜力很大。不仅如此，在茶餐厅的特色上，曾先生也用尽心思，把新中国成立初期广州不少食肆酒楼的"星期美点"改良到了自己的茶餐厅，保证每周都能有一个新创点心，抓住食客的胃。

茶餐厅要想开得成功，一定要有信誉，而"诚实"是曾先生这么多年经营下来的一大心得。为保证质量，茶餐厅的扒类和不少配菜、配料都是从香港运来的，茶餐厅在香港是怎么开的，在广州也是怎么开，没有什么分别。

曾先生自己虽然是茶餐厅老板，但是很多事情还是亲力亲为，不仅亲自检查菜式分量，更会亲自下厨烧菜。闲时也会坐下来与客人聊聊天，做做调查，看看客人有什么需求。

虽然只是一间小小的茶餐厅，但是有品牌与没品牌差别却很大。曾先生以前在香港连开数间茶餐厅的故事曾经被香港五大报刊采访，他把这些采访贴在入门显眼处，很自然地就把自己的茶餐厅与其他茶餐厅区别开来了。此外，他在广州也坚持推出"星期美点"，赢得了不少加分。

茶餐厅越开越多意味着彼此间的竞争越来越激烈，这时候，茶餐厅就更集中体现在比食品卫生、比价钱、比环境等方面了。

小店前景分析

茶餐厅的经营可借鉴快餐店的经营方式，集中餐、西餐、快餐、冷热饮品于一体，以出品快、品种丰富、价格便宜作为特色。准备的品种既有粥、粉、面、烧味、卤味、汤羹、精美小菜，以及油条、煎饺、糕点等中式食品，也有三明治、奶茶、热饮、什锦等西式食品。茶可准备十来种。除了龙井、铁观音等名品外，还应提供安神茶、养气茶等保健茶；果茶如柠檬茶、苹果茶等在这里也应备齐。

茶餐厅的设计要简约，要用明亮洁净的店堂来吸引顾客，靠着马路的一侧要安装上大型的落地玻璃，不仅要让顾客看到繁华的街道，而且要让行人看到典雅大方的店堂。环境、灯光要配合桌椅的颜色，应有淡淡的暖色调，店里再播放淡淡的音乐，让人有一种温馨的感觉。店中还可以准备一些报纸杂志，使得客人落座后可以随意翻阅。与快餐店相比，中国人会更喜欢茶餐厅这种环境，因为毕竟有些传统文化的延续。

茶餐厅可以采用开放式厨房，让顾客看到食品的操作全过程。全部使用一次性餐具，员工统一着装，这样才能显得干净又卫生，让顾客放心用餐。茶餐厅不仅要成为人们叙旧和洽谈生意的场所，还要推出特惠套餐，方便工薪族和学生。服务也很重要，顾客进店即奉送一杯免费热茶，要让人们有宾至如归的感觉，从而吸引回头客。

"亲子餐厅"受青睐

开一家满足大人休闲餐饮要求的西餐厅，并在其中开设一个与快餐店类似的儿童欢乐区，可以达到双赢的效果。

🎁 小店成功案例

30多岁的香港居民刘女士在广州天河南的旧居民区开设了一家"亲子"餐饮俱乐部，让携带幼小宝宝的家长轻松就餐。此举创意非凡，经营形式又多种多样，从组织孩子制作糕点到承办"儿童派对"无所不包。短短的时间，不但赢得了附近居民的青睐，很多使馆区的外国朋友也慕名而来。

◇ 休闲餐饮或成为餐饮行业发展新亮点 ◇

作为大众餐饮的细分市场，休闲餐饮成为餐饮业的新亮点，正悄悄引领着消费新时尚。休闲餐厅正逐渐成为都市年轻人享受美食、沟通情感、放松心情的首选消费场所。

这家餐厅氛围真不错！

对，我也喜欢！

1.白领消费新时尚

生活水平的提升让人们对就餐的环境、氛围有了更高的要求，一批以营造浪漫情调、突出文化氛围来满足人们深层心理需求的休闲餐厅开始受到白领一族的青睐。

2.渴望放松促消费

大部分休闲餐厅环境、格调、氛围往往比其提供的美食本身更具有吸引力。同时，休闲餐厅一般都会有自己独特的风格，这些也成为吸引年轻消费者的亮点。

在广州投资前，刘女士在旅行社供职，有2岁与4岁的两个女儿。只有周末她才有时间带女儿上街玩耍或走亲访友，可是由于孩子太小，进餐厅或者去商店都非常麻烦，又要忙着挑选、付钱，又要照顾孩子，还要与亲友谈话，弄得好好的一次外出辛苦

无比。刘女士想：哪里能有一个好去处，既可以让孩子玩得安全、开心，大人又可以轻松就餐呢？一次路过肯德基，她发现在餐厅里设游乐园还是很受小朋友欢迎的，可大人们却对快餐不感兴趣。她于是突发奇想：可不可以开一家满足大人休闲餐饮要求的西餐厅，在其中再开设一个与快餐店类似的儿童欢乐区，达到双赢效果呢？

刘女士上网搜集了很多信息，了解到欧美国家从20世纪90年代就有了很多被称为"亲子俱乐部"的小西餐厅，一般都采取会员制形式经营，每天固定出3～4小时的"游乐"时间，让大人带着小朋友来店里休闲。大人在成人餐饮区看免费的杂志报纸、点菜或吃自助餐，小朋友则在店员的带领下，在游戏区做游戏、制作面点或开派对，其形式有些像临时幼儿园，又兼具儿童餐厅、西餐厅与休闲吧的特色。了解到该类型的店铺生意都很红火，刘女士就决定在铺租相对便宜的老家广州开办一间。

看过了很多欧美装修杂志后，刘女士投资将近10万元，精心打造了自己的"亲子俱乐部"。餐厅的卫生间里，马桶、洗手池都是大人、儿童双份的，还安排了宝宝尿布台；大人餐饮区使用了超级防滑瓷砖与高脚凳酒吧回廊设计，拉近了友人间的距离。而儿童游乐场的全套塑料护栏，既可以当安全护栏，又具备玩具功能。

开业时，刘女士先是在小区内派发促销传单，又通过亲友的

就想开一家自己的小店
又赚钱

关系，向广州市使馆区的外国朋友派发宣传资料，效果很不错。由于以前在中国根本找不到亲子俱乐部，很多归国华侨、外国朋友都带着各种肤色的小孩跑来了，而更多的本地小朋友与他们的家长听说这里有外国小朋友，可以练英语，也纷纷抱着好奇的心理来这里一探究竟。现在，店里只有30％的固定顾客来自其所在的小区，40％的顾客来自海外朋友，另外有30％的顾客则是节假日带小孩逛天河城的夫妇。

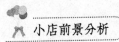

小店前景分析

欧美国家在20世纪90年代末就已经开了很多亲子餐厅，很受居民欢迎，生意蒸蒸日上。由此可想，该类生意在现在的中国也是比较有市场的，这种人性化的服务应当会日益受到城市居民的欢迎。

3万元投资卡通餐，赚钱赚到翻

当今的儿童就餐市场前景不容乐观，长时间以来被洋快餐一统天下，儿童就餐结构明显不合理。而长沙的李女士瞅准商机专门做起了"卡通餐"，当起了名副其实的儿童快餐店小老板。

时下，市场上的儿童餐多以洋快餐为主，缺乏营养，不够健康。但中式儿童餐在形式上与成人工作餐没有区别，无法吸引小朋友。在幼儿园工作的李娟从中看到商机，首创了儿童"卡通餐"。2003年3月，李娟投入3万元开始创业。仅一年的时间，李娟的儿童"卡通餐"就已经进入了长沙地区的多家幼儿园和小学，并与其中3所幼儿园和5所小学签订了长期的送餐合同，年营业额已达到100多万元。

2003年2月，李娟辞掉了幼儿园的工作，决定一门心思制作儿童"卡通餐"。要想做好"卡通餐"，造型的好坏是关键。李娟收集了大量儿童喜欢的卡通形象，设计了蜡笔小新、樱桃小丸子、机器猫等"卡通餐"。形象定下来后，李娟开始对用料进行研究，最后决定用营养丰富且色彩鲜艳的蔬菜作为主要原料。

在熟练地掌握了"卡通餐"的制作方法后，李娟决定将"卡通餐"推向市场。如果自己开店的话，各方面的费用加起来会成为很大一部分支出，而当时李娟手里只有3万多元钱，怎么办呢？经过一番思考后，李娟决定在家里制作"卡通餐"。这样虽然节省了费用，可是由于没有自己的店面，顾客是不会主动上门来消费的。那么，自己只能主动去找顾客。

渠道一：进入幼儿园

李娟首先想到了去幼儿园销售"卡通餐"。"卡通餐"最开始的制作灵感就是来源于幼儿园，李娟对幼儿教育也比较了解，知道现在家长很注重儿童配餐的质量和营养水平。

为了能够得到幼儿园的认可，李娟向校方展示了她制作的几款"卡通餐"并向校方介绍了"卡通餐"在国外的发展状况和其营养特点。同时李娟还承诺，自己的"卡通餐"不会影响幼儿园配餐的正常销售。幼儿园提供的配餐每份是4元钱，李娟的"卡通餐"是每份8元钱，买哪种由小朋友自己来决定。由于校方对"卡通餐"也很感兴趣，李娟终于取得了在幼儿园销售"卡通餐"的权利。

由于造型漂亮，李娟一下子就卖了几十盒"卡通餐"。一个月下来，李娟净赚了2000多元。没过多久，李娟就接到了另一家幼儿园的订购电话，要求李娟每天为该幼儿园送100份"卡通餐"。

渠道二：为小学生提供午餐

在成功打开了幼儿园这个渠道后，李娟决定扩大"卡通餐"的市场——开发小学生市场。为了拿下这块大蛋糕，李娟来到小学进行了市场调查。结果发现，许多小学生的午餐都是在学校吃的。学生对学校一成不变的配餐早已感到厌倦，而且同学们都表示很想品尝一下这样的"卡通餐"。最终，李娟选择了在离自己制作地点不远的新华小学进行销售。

因为小学市场更大，李娟在销售上采取了薄利多销的策略。由于这种"卡通餐"既有情趣又营养卫生，所以吸引了很多小学

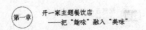

生前来购买，家长也对这种"卡通餐"表示认可。

顾客的满意就是最好的广告，李娟每天要为该小学配送500份"卡通餐"。此外，又有5家小学要求李娟为他们提供"卡通餐"。一个月下来，李娟为这6所小学提供午餐的营业额已经达到了10多万元。

渠道三：开发白领一族市场

李娟发现，很多写字楼白领的午餐都是在外面的快餐店吃，不仅口味单一，而且没有营养。针对这类消费群体，李娟推出了既时尚又健康的"卡通餐"。

为了满足这些客户的高标准，李娟先对这个群体进行了抽样调查。得出的结论是，这个群体（尤其是女性）都希望能为她们提供一些高营养、低热量、卫生的快餐，这样既能满足自己对营养的需求，又能保持好身材。

根据这个调查结果，李娟在保留原有"卡通餐"风格的基础上，在食物的质量、口感与营养上做了新的改动。在每盒"卡通餐"里增加了一些营养丰富且热量低的各种彩色蔬菜、菌类和海鲜。由于制作成本相应提高了，李娟将这一类的"卡通餐"价格分别定为12元、15元、20元。

这种"卡通餐"正好满足了白领一族对营养快餐的要求，所以在试销后的第二天就接到了100多个订餐电话。随着业务量的不断扩大，李娟决定让"卡通餐"走出长沙，让更多的人了解"卡通餐"。李娟决定采取以开发加盟店的形式来发展"卡通餐"

就想开一家自己的小店
又赚钱

事业，让其他的创业者也能够分一杯羹。

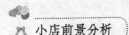

　　李娟开发经营"卡通餐"之所以能够成功，关键在于她打破了传统思路，没有围绕着传统的餐饮内容打转，而是跳出来，从另一个角度入手，开发出"卡通餐"这种新型产品。她在"卡通餐"的制作上制定了相应的标准并严格执行，这是成功的秘诀之一，也是目前欲加盟"卡通餐"者所必须严格遵循的要点。

　　李娟在资金少、人员不足、市场不好进入的情况下，取得了"卡通餐"的成功。成功之处就在于她找对了"卡通餐"的销售渠道，并且针对不同消费群体的特点，开发出相应的"卡通餐"。

江山土菜馆，"土"字上做文章

　　环境优雅，价格便宜，无论是逛街累了过来尝尝鲜，还是三五知己小酌，像"江山土菜馆"这种有着浓郁风情的特色小店都很受欢迎。

在浙江省城杭州市郊下沙，有一家生意兴隆的"江山土菜馆"十分引人注目。创办这家土菜馆的老板名叫周娟仙，几年前，她还只是一个下岗女工。

周娟仙老家在坛石镇横渡村，1980年初中毕业后她便在家务农。两年后，周娟仙有幸跳出了"农门"，顶职到市良种场工作。1989年，她又被调往市精细化工厂上班。三年后，因该厂破产，她又被分流到市童装厂工作。不久，童装厂破产，她正式下岗了。下岗后的周娟仙并没有灰心丧气，通过多年在外打工拼搏，积累了不少经验。她有一股争强好胜的闯劲儿，近年来，看到许多江山老乡到杭州、上海及北京，或开饭店，或承包宾馆，都先后走上了致富之路，她也跃跃欲试。

周娟仙专程来到杭州，在下沙工业园区旁边租下5间店面，投资30多万元，装修了店面及10个包厢，安装了空调等电器设备，开起了"江山土菜馆"。周娟仙在"土"字上做起了文章。她针对江山盛产白鹅及土鸡、土鸭、土猪等农副产品及土特产的情况，及时在她开的土菜馆里推出"白鹅两吃"。同时又相继推出土鸡炖香菇、啤酒清蒸土鸭、椒盐土猪肉等江山传统名菜。不久，周娟仙又推出了碗窑、峡口及白水坑等水库的优质鱼，这一招儿果真灵验，一道道色、香、味俱全的美味佳肴直诱得都市顾客口水直流，连身居西湖边、延安路及大关等闹市里的市民，也慕名而来。由于周娟仙为人诚恳，待客热情，

"江山土菜馆"经常顾客盈门，生意日渐红火，每月营业额达到10多万元。

周娟仙能管理、善经营，服务周到，大生意敢接，小生意也做。一年深秋的夜晚，寒气袭人，睡梦中的周娟仙突然被一阵敲门声惊醒。原来，在附近建筑工地上加班的3名民工前来吃面条暖身子。这时，店铺其实早已经打烊，周围其他店铺也已关门。心地善良的周娟仙毫不犹豫地从床上爬起来，她重生炉火，为这3名民工烧好3碗热气腾腾的肉丝面。周娟仙说："开店嘛，诚信经营、优质服务才能赚钱啊！"

开店仅仅一年后，周娟仙饭店的营业额已突破100万元，"江山土菜馆"成为远近闻名的特色美味馆，并成为推销江山农副产品的一个窗口。

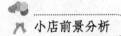

小店前景分析

对于创业者而言，发掘自己和身边特有的资源进行投资开发，往往比较容易成功。因此，创业者应尽量选择与自己的专业、经验、兴趣、特长能挂得上钩的项目。

"民以食为天"，不少人在创业时都会想要开设小规模的餐饮店，但成功者并不多见。周娟仙的小店之所以生意红火，很大程度上是因为她自己有一手炒菜的好手艺，而几年外出打工积累的经验不但为她赚到了创业的起步资金，更让她深入了解了市场和顾客的需求，这是她区别于很多同行的优势所在。

土菜是当今人们崇尚的绿色食品，若烹调得可口，价格便宜，自然备受人们的青睐。开一家土菜馆，选址最好处于风景区周边，因为这里环境优美，空气清新，厌烦了城里喧嚣生活的人们，来这里既能享用美食，精神又能够得到放松。由此可知，这样的项目将会有很好的市场前景。

第二章

开一家个性服装店

——专为特殊顾客服务

让外贸精品店在同类中脱颖而出

走在大街上，你会发现各式各样的外贸精品店林立，想要让自己开的外贸精品店在同类店中脱颖而出，就要从经营策略上入手，用独特的经营策略抓住顾客的心。

🎁 小店成功案例

十多年前，小李因为兴趣所致，在上海开了一家成衣设计加工小店，积累了专业经验和物质基础后，她转行干起了成衣销售，专为 25 ~ 40 岁的职业女性提供精品服饰。

小李在服装行业摸爬滚打了十几年，认识了一些搞外贸服装的朋友，因此货源不是问题，关键是要进与众不同的货。小李第一次到厂家拿货，在对方的热情推荐下，一下子拿了几大箱子货，配齐了尺寸、颜色、款式等。但是这样一来，小店就失去了自己的个性，这批货卖了好几个月才勉强卖完，赔进去了好几千块钱。俗话说"吃一堑长一智"，现在小李不再盲目进货，每款衣服不会超过3件，更加注重衣服的面料、做工，与其他小店错位经营。小李平时还非常留心老顾客的穿衣风格和消费习惯，预先搭配好不同颜色和风格的饰品，既能提供周到的服务，

就想开一家自己的小店
又赚钱

又能成套销售，增加利润。

小李的精品服饰店凭着独特的经营理念、过硬的产品质量和公道的价格，生意做得红红火火，仅用了半年时间就收回了成本，现在正打算开设第三家精品服饰小店。

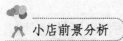

小店前景分析

经营服装与开小便利店、小饭店不一样，不求独此一家，反而要"扎堆儿"。选择相对成熟的服装街，虽然竞争较为激烈，但是顾客的针对性强，特别有利于新店培养人气。

无论开什么店，都要先进行市场调查。调查的重点是竞争对手，而非顾客，内容包括产品结构、产品类型、产品价格等。在详细了解、客观分析竞争对手的基础上，再进行货品定位。

外贸精品服饰小店的经营要靠特色和个性来吸引顾客，对货品的独特性要求较高，进货时一定要把握"你无我有，你有我新"的原则。出口转内销的服饰款式虽新，但大多是外商的退单货，在质量上会略有瑕疵，进货时一定要严格把关。此外，在经营服装的同时，还可以搭配一些特色包袋、首饰、围巾等，以使货品更加多元化。

外贸精品服饰小店宜走特色、低价经营的路子，因此价格应比商场或专卖店便宜。

　　合理的商品陈列能吸引顾客的眼光，留住顾客的脚步。那么，该如何陈列商品呢？

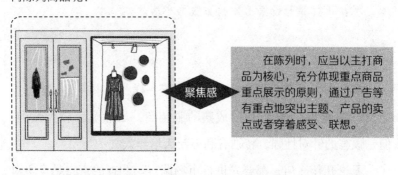

聚焦感

　　在陈列时，应当以主打商品为核心，充分体现重点商品重点展示的原则，通过广告等有重点地突出主题、产品的卖点或者穿着感受、联想。

　　只有具有数量感才能引起顾客的注意与兴趣。在陈列商品时，应当注意同类别单品要集中陈列在邻近的货架或位置上，这样才能使顾客更容易地找到自己所需要的服装。

数量感

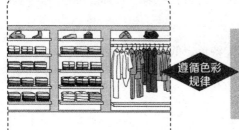

遵循色彩规律

　　色彩排列从亮色到暗色，货架上商品的要从上到下越来越暗地陈列，给人以稳定感；亮的颜色放前面，暗的颜色放后面，给人以深度感等。

时尚小伙复制"真人"巧赚钱

现在的年轻人喜欢追求新奇而又标榜自我，郑州一位时尚小伙便将自己以卡通人物的形象印在 T 恤衫上，这一创意举动给他带来了意外的财富，并引导他走上了创业路。

小店成功案例

"只要一张你的照片，就能做出一套你的卡通形象，还能印到杯子、T 恤衫上。"这是时尚小伙会晓的生意经。如今，把照片印在衣服上已经不是什么新鲜事儿，可做出惟妙惟肖的卡通形象，令朋友一眼就能认出是自己，再将此真人卡通形象印在衣服上，肯定能吸引不少时尚的年轻人。会晓给自己的朋友做了几件衣服后，反响不错，就决定用心做好真人卡通项目。

现在会晓已经注册了公司，还招聘了一批美术专业的学生，专门负责制作卡通形象。他还设想以后逐渐开展加盟店运作。按照会晓的设想，开一家加盟店需投资 1 万元。店面要选在人流量大的地方，人气旺的店中店或是商场柜台也是个不错的选择。

另外，加盟店里除了要有各种样品外，还必须配备一台数码相机，为想制作真人卡通形象的顾客拍摄照片。卡通形象一般需要设计两种风格，一种夸张一点儿，另一种是跟真人几乎完全一样的。

加盟店只需要把照片传到会晓的公司，由他们设计漫画形象，再传回门店印烫在杯子或者衣服上。如果要做钥匙链、衣服、杯子等一套东西，大约要等3天才能取。会晓这样做主要是为了保护自己的核心技术。

真人卡通服饰产品的利润很可观：一件印好真人漫画的短袖衫能卖50元，而白色短袖衫的成本只有10元；一个印好的杯子能卖10元，而杯子本身的成本只有2元。

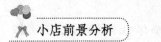

小店前景分析

从市场上来看，现在越来越多的年轻人追求个性消费，在衣服上直接印上自己的形象，这对他们而言无疑是一种新奇又有吸引力的选择。目前，烫画技术已经成熟，国内很多厂家也介入生产烫画机、烤杯机、烫画墨水等，成本降低了许多。

"真人"服饰的客户群很广，除了追求个性的年轻人，也有老人来要求把孙子的照片印在衣服上的，更有10岁的小孩子想把小狗图案印在小狗的衣服上的；还有人因为喜欢的衣服破了个洞或沾了污渍，要求在破洞或污渍上印上头像。"真人"服饰店的大订单一般是来自企业和团体。

就想开一家自己的小店
又赚钱

开一家牛仔服专卖店

开一家牛仔服专卖店不仅具有长期发展的强劲动力，而且可以最大限度地降低投资风险。

🎁 小店成功案例

不知是地处繁华的地段位置，还是法国牛仔裤诱惑无边，一家名为 Maxime de Nimes 的原创牛仔裤专卖店，从开张两周开始就红火了起来。一走进 Maxime de Nimes，你很容易就会被那种法国式的浪漫优雅所吸引，那种清新的氛围，一下子就与侧旁南京西路的华丽喧嚣形成了鲜明的对比。

若干年前，钟爱艺术和时尚生活的 Maxime 在上海发现泰康路、建国路、新天地等地是众多设计师聚集的区域，便对这些地方产生了浓厚的兴趣。他发现那些用中国的棉布、丝绸制作而成的服饰非常受法国人的欢迎，觉得这是一个不错的商机。

回到法国后，Maxime 在巴黎市中心选定了一个铺面，将中国设计师的作品放到店里销售。法国人对东方时尚的热爱超出了 Maxime 的想象，就连路易·威登旗下的不少高级时装店，也对 Maxime 的东方品牌产生了浓厚的兴趣，主动联系 Maxime 做他们的供应商。

这一成功让 Maxime 开始考察市场，寻找交叉创业的机会。他发现法国牛仔裤的售价越来越高，在中国亦是如此。在这一消费群庞大、品牌繁多的领域，正宗国际品牌定价过高有失合理性，而式样简洁、适合所有人的牛仔裤，在市场上则相对空缺。

2005 年 6 月，Maxime 把法国优雅、清新的牛仔时尚带到了上海。他说，简单的剪裁、地道的水洗工艺、搭配讲究的整体工艺是法国人崇尚的要义。他把这种理念融合在牛仔裤的设计里，而尺寸比例上则重点考虑了中国人的身材特点。

MaximedeNimes 位于石门二路，离南京西路也就数步之远，算得上是上海的顶级商圈了。这似乎与 Maxime 在法国的选址有着异曲同工之处。

他认为，零售行业就应该选址于购物区，因为只有成熟的繁华区域，才有足够的客流。而南京西路上有着众多世界一流的品牌专卖店，这种定位是同 MaximedeNimes 的要求相吻合的。但是，地处繁华商圈，未必要求繁华；相反，与繁华打个擦边球效果会更佳，那是一种风格鲜明的对比而产生的诱惑。这种对比还得益于 MaximedeNimes 的装修。

就跟牛仔裤宣扬简洁优雅一样，Maxime 要求店面装修自由、自然。每个月，他的店铺都会有不同的装饰主题，有时是密友酒吧谈天，有时是家庭中牛仔服熨烫时间，还曾经将牛仔服放入鸟笼，映衬出老上海的悠闲气氛……总之，一切都是轻松的生活，与南京西路的浓烈商业氛围形成强烈的对比，增添了些许淡雅的小资之风。

经营定位必须是统一的，连墙上的装饰画也不例外。Maxime不用专业模特就是想让顾客相信这个品牌是亲切的，并非高不可攀，无须魔鬼身材，穿得好看仅仅因为你就是你。

Maxime 在中国的商业经营目的不仅仅是开好一家小店，而是要在中国把 Maxime de Nimes 打造成一个响当当的连锁品牌。为此，Maxime de Nimes 已经启动了十分灵活的发展计划。从区域上划分，目前主要针对上海本地以及江浙这两个板块。对于江浙两地的代理商来说，合作形式为加盟买断，即代理权买断，无须加盟金，缴纳一定的保证金，以及达到 Maxime de Nimes 的其他要求，便可在城市中开设 Maxime de Nimes 的分店。

在上海，合作的形式则更为灵活多元。投资者若资金不够，可以采取合作分成的形式，带资金进入，然后压货代销，按照代理商和总部分别为 45% 和 55% 的比例进行销售额分成。如果投资者不仅有资金，而且在设计上也有一定的建树，甚至可以要求也以参股的形式加盟 Maxime de Nimes 的牛仔队伍。

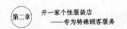 小店前景分析

牛仔裤自诞生至今，一直凭借其舒适、随意、率性自然的风格赢得各种文化背景和各个年龄阶层人们的喜爱。从几百年前得克萨斯州金矿上出现的第一条牛仔裤开始，由深蓝到漂白，再

到激光剪裁出的褴褛不堪，牛仔服在千变万化中，成为四季时装的主角之一。对于年轻时尚一族来说，牛仔服更是不可或缺的装备。

在众多的服装类别中，牛仔服饰是最具有投资价值的，因为与其他类型的服装相比，牛仔服饰具有以下几个方面的优势。

1. 牛仔服饰是人均拥有量最多的时尚单品。我国内地牛仔服饰的人均拥有量为 2～3 件，香港则为 6 件，居全球之首。

2. 牛仔服饰是除西服以外唯一流行百年而不衰的服饰品类。从 1873 年第一条牛仔裤诞生以来，牛仔服饰已经风靡世界 100 多年，并形成独特的牛仔文化，是服饰跨越民族走向大同的最精彩、最典型的范例。

3. 牛仔服饰是所有服装中适应面最广的。它可以出现在乡间原野、闹市街头，也可以出现在写字楼、舞台宴会。不论是老人还是小孩，金领还是蓝领，没有人不可以穿它。

4. 牛仔服饰是唯一没有季节性的服饰品类。严格地讲，牛仔服饰只有两个季节：春、秋、冬为一个，夏天为一个，而夏天也是牛仔服饰的销售旺季。因此，投资牛仔服饰专卖后，不存在销售淡季和产品积压的问题，真正是四季旺销，天天热卖。

5. 日益时装化的牛仔服饰是发展势头最强劲、发展速度最迅猛的。从当初的工装裤到今天的牛仔内衣，牛仔服饰不断融入流行元素，早已登上时尚 T 台，在全球范围内掀起一股蓝色风暴。

就想开一家自己的小店又赚钱

开一家成功的"绝版"服饰店

在瞬息万变的服装业市场上，怎样才能赢取不断的胜利？答案只有一个字：变！如果你能开一家"绝版"服饰店，在变中追求发展，也不失为一项不错的选择。

在陈文的小店里，每一款衣服都是"绝版"。虽然地处新民众乐园最偏僻的地段，可是陈文的店里依然人流如织。在她的时尚服装小店里，挂在衣架上的200多款个性服饰显得杂而不乱。

时尚服装的消费群体集中在25岁以下的青少年，开这样的小店千万不要进两款一样的衣服。正是凭着这一点，陈文的"氧气100"小店在众多时尚店的"包围"里还能每月盈利5000元以上。

在时尚个性服饰店，一种款式的服饰千万不能有两件。自信的陈文并不掩饰自己的经营秘诀，她知道崇尚时尚的年轻人很在意自己身上的衣服是否唯一，是否有个性。顾客如果了解到一家小店出售的时尚服饰一种款式只有一件，那么他们将更愿意到这里来选购满意的服饰。陈文的店里货最少的时候有150多个款式，最多的时候有400多个款式。

陈文的这间时尚个性服装店开张已有两个年头，她凭借精心打理已经为赚大钱奠定了基础。第一次进了8000多元的服装，头个月销售额就有上万元，除了房租900元及水电费和生活费的开支之外，小赚了4000多元。两年下来，平均每月也有5000元左右的盈利。

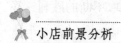

小店前景分析

在众多从事经营的个体户中，赚钱最快的当数服装个体户。五彩缤纷的时装在给人们生活带来美和享受的同时，也给经营者带来了不菲的收入。

服装店本小利大赚钱快。不少老板做了几年服装生意，摸出点儿门道后，就开始自己生产、加工服装，实行前店后厂，利润则更高。

要想在万变中取得不变的胜利，那就得在经营上做文章。像上面所讲的"绝版"服装店未来肯定会有很广阔的市场前景。

自己设计张扬个性的 T 恤衫

现在无论男女，很多人都爱穿 T 恤衫，尤其是那些能够张扬个性的文化衫更是受到很多人的欢迎。

王祥的妈妈是做服装生意的，王祥高考之后闲不住，便到妈妈的店里帮忙。几天下来，他发现T恤衫卖得最火，特别是有个性化图案的文化衫，尤其受到年轻人的喜爱。于是王祥说服妈妈自制个性T恤衫去卖。家里电脑、熨斗都是现成的，只需再买一个中档照片打印机就行。他是抱着试试看的想法，妈妈便同意了。

谁知这一试，其产品竟然真的非常受欢迎，特别是那种独版的T恤衫在夜市上最好卖，而且王祥妈妈的业务范围也从最初的T恤衫扩展到帽子、牛仔裤、布包等。王祥准备再购进一台扫描仪和一部数码相机，这样可以让顾客自己提供图案或指定景观，做出的T恤衫会更贴近消费者，更加个性化。

小店前景分析

自制T恤衫不需要什么特殊的工具，大致包括电脑、打印机、扫描仪（可选）、数码相机（可选）、电熨斗、熨衣板及相关耗材等。其中电脑无须太高配置，甚至二手电脑也可以，只要能够做一些简单的图片个性化处理，能运行Photoshop（一种图像处理软件）就可以。相对来说，自制T恤衫对打印机的要求较高，因为要打印一些高质量的图片。高级一点的用户可以将电熨斗换成烫画机。

下面我们来分析一下这个小店的投资和收益状况，你会发现一本万利确实不是一句空话。

电脑：3000 元左右（现在可能更便宜）；

扫描仪：600 元左右（可选配）；

照片打印机：1000 元左右；

电熨斗、熨衣板：300 元左右；

店面租金：视情况而定。

一件白 T 恤衫成本价 10 元左右，A4 热转印纸 15 元／张，加上打印制作，每件 T 恤衫成本在 25 元左右。如果顾客自己提供 T 恤衫每件可收取手工费 5 ~ 30 元。至于成品价钱方面，目前纯棉 T 恤衫的主流价位稳定在 50 ~ 120 元，收益确实相当可观。

"肥佬服装店"——主攻偏门效益高

胖人总是为难以买到称心如意的衣服而烦恼不已，胖人服装店的出现正好弥补了这一市场的空白。赚钱与受到欢迎，当然更是不在话下了。

小店成功案例

韦老板本人倒不是胖人，但他说目前广东省内还没有其他店像他们这样长期专门地经营肥胖人士服装，这也许是他们生意红火的关键原因之一。他把"肥佬屋"的门面选择在商业旺区的辐

就想开一家自己的小店
又赚钱

射地带，因为他认为"肥佬屋"的生意对象是特殊人群，所以没有必要把店面设置在最繁华的地段，那样只会提高成本。而在商业旺区的辐射地带人流量也比较大，门面也不是很贵，是最适合此类店铺的地址。在商品选择方面，"肥佬屋"现在只经营男装。"肥佬屋"从来不打广告宣传，也很少出大降价的招牌去吸引顾客，生意的兴旺主要是靠熟客帮衬，所以最好的宣传广告也就是为熟客提供满意的服装和舒心的服务。

店里留有许多长期光顾的顾客的联系方式，到了新货就第一时间通知他们。许多熟客的衣服尺码、颜色喜好和款式习惯韦老板都能够记在心里，在顾客上门前就先替他们搭配好，顾客上门后便直接向他们推荐。

据韦老板介绍，投资加盟一家肥胖人士服饰专卖店大概需要4万～5万元流动资金，店铺的面积25平方米左右就够了，可承受租金价格应当依据具体城市而定。

对于货源问题，韦老板认为这个问题并不难解决。虽然国内一般服装厂生产的衣服中可供肥胖人士选择的不多，但在一些出口外贸服装厂的"欧版"服装中寻找肥大的衣服就丝毫不困难了。这些"欧版"服装本来就针对欧美人个头高大、身材肥胖而采取了特别设计，因此比国内服装中的加大号更加适合体态肥胖人士的需要。所以"肥佬屋"主要从一些面向欧美的外贸服装公司、服装厂进货，目前在深圳、中山、东莞及香港等地有超过80家外贸服装公司、服装厂长期为"肥佬屋"等胖人服装店提供货物。

　　截至 2009 年，我国体重超标者已超过 9000 万人。有专家预测，未来 10 年中国肥胖人群将会超过 2 亿人。胖人群体这个细分市场已经成为商家不可忽视的消费群体之一。在全球大部分国家和地区，传统服装业的需求在逐年萎缩，但是在欧美、印度等一些胖人增长较快的国家，胖人服装产业却非常兴旺，每年都有百分之十几的增长。如今的国内大、中城市，胖人服装产业也正在兴起，许许多多的顾客都在寻找大尺码的衣服，"胖人服装店"的出现，正好迎合了这类人群的需求。

　　当然，每一门生意都是有风险的。在此要提醒准备闯荡胖人服装市场的投资者，开铺之前的市场调查还是很有必要的，例如，可委托调查公司对开店区域进行人群调查，摸清该地区的胖人比例、聚集区域等，以便实施有针对性的营销策略。只要经营策略与方法到位，胖人服装店的确是一门投资少收益多的好生意。

开一家"胖夫人"服饰专卖店

　　生活条件好了，发福的人也多了，而女性发福买衣服会更加困难，开一家针对肥胖女性的专卖店肯定能赚钱。

◇ 根据开店类型设计服装店风格 ◇

女性服装店

在装修时要刻意渲染女性的气息，比如，在起店名的时候，要增添女性韵味；用柔和的光线，营造优雅的氛围；要特别注意细节上的打理，比如，干净整洁的试衣间等。

男性服装店

装饰时，其颜色和配饰都需要体现男性的特点，应用黑、灰、白、深蓝等经典颜色，彰显男性的风格；设计风格要硬朗、利落，体现男性的刚性美；根据服装的不同类别进行区分，显得店铺整齐大气。

儿童服装店

利用各种元素激发小顾客的好感，利用小模型模仿儿童在生活中的造型来陈列服装、添加一些小摆设（布娃娃、玩具等）等来吸引小顾客的注意，在装饰时还要注意其安全性，不要在卖场中放置坚硬、易碎的物品等。

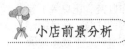

小店成功案例

戴先生在南京太平北路43号开了家"胖夫人"服饰专卖店，走进小店，墙上挂着的、柜台里摆着的、模特穿着的，都是特大号的女士服装：腿部加肥的裤子、腰部加大的裙子、肩部加宽的上装……所有的衣服都是"大一号"，却又与普通大号有所不同。

戴先生之所以以"胖夫人"作为自己的店名，是因为店里的服饰都是为中年发福的女士准备的，这些女士的身材比较特殊，在衣服长短肥瘦上的要求与普通服装不同。就拿裤子来说，店里裤子最大的腰围是3尺4寸，最小的也有2尺4寸，一般的大号裤子达不到这个标准，而且这些裤子与普通的大号裤子不同，都是采用特殊版型制作的。普通的大号裤子裤腿肥，裤长也会相应增加，对一些身材矮小但体形丰满的女士来说，虽然裤宽是够了，可裤长还得回家改，一来麻烦，二来裤子也容易比例失调、走样，"胖夫人"服饰专卖店里这些经过特殊处理的大号裤子则不会有这样的问题。另外，多数的发福女士都是局部发福，"胖夫人"根据这样的特点为她们准备了相应的服装，有的衣服袖长不变，但是肩部加宽了；有的衣服上装肥瘦比例不变，但有了可以掩盖腹部赘肉的下摆。

这样一来，就为那些发福的女性朋友们提供了更大的方便，常常是顾客盈门，同时也为戴先生带来了非常可观的经济收入。

小店前景分析

身材较胖的朋友在市面上选择衣服时，基本上都会有一个很

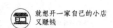

就想开一家自己的小店又赚钱

深刻的体会：不是人在选衣服，而是衣服在选人。爱美之心人皆有之，胖人也爱美，但是目前专门的胖人服饰店还比较稀有。如果能就胖人服饰这一块儿做起来，前景一定会很好。

胖人服装专卖店的版型设计需要专门为体态丰满的女性量身定做，适合各个年龄段的丰满女子，对购买服装的顾客，如有不合适处还可现场修改。销售的类别有套装、裙装、T恤、晚装、针织衫、牛仔裤、衬衫等，面料则采用棉、麻、化学纤维等。号码齐全可供自由选择，衣服色彩斑斓，有年轻女孩子钟爱的浅亮色，也有中老年人喜爱的朴素大方的花色，老板的出发点不仅仅是为修饰、改变肥胖者的形象，同时也通过服饰去强调和挖掘肥胖人群的独到之美。

以下为肥胖女性的着装搭配原则，欲开店的人士不可不知。

高胖女性的着装：衣裙都应加长，比例较合体为好。宜穿着有分割线的衣服，也可以穿不对称的衣服。面料以厚薄适中、较为挺括的为宜。颜色偏深为好。不宜穿垫肩很厚的平肩或翘肩式服装。

矮胖女性的着装：衣裙适当宽松，裙长一般要在膝盖以上。适宜穿着长条纹样式的服装。上身色浅且不宜过长，下身颜色应相对较深。如果是穿套装，最好色彩不要太过鲜艳，面料的花纹也不要太过明显，尽量避免穿厚质地的粗纺花呢。裤子的卷角以3厘米为宜，使视点向上移，造成变高、变瘦的视觉感。

丰满女性的着装：适宜选择冷色、柔软而挺括的面料。避免大花纹。应选择深领口的领形，略加宽肩以平衡下半身的视觉效果。避免穿紧身的毛织类服装。穿裙子时，选择不在前后开衩的半截裙。可用垂直线条进行分割，以产生修长感。

开一家情侣服饰专卖店

在时尚消费方面，年轻人着实是一个巨大的消费群，而情侣服饰也的确是年轻人追求浪漫、时尚的方式之一。

🎁 小店成功案例

北京有家"天意情侣服饰专卖店"，这家店开业不到一年，在全国却已经拥有60多个加盟店和100多个经销商。情侣服饰专卖店老板高金文说，服装行业是个传统行业，但他就是要在传统中做出新奇，做出品牌。

服饰店的老板高金文研究生毕业后，2002年来到北京工作。一次偶然的机会，他在网上发现有个商家卖情侣手套。这种手套由两个单只和一个连体部分构成，中间连体的部分可以让两人"手牵手"。他一看就动了心，考虑到北京高校云集，就进了一批货试销。他还在一些高校的网站推销情侣手套，受到了很多人的青睐。后来，他干脆辞掉工作，开始创业开店。

高金文选择将店开在热闹的商业区，为寻找一个满意的店铺，他跑了不少地方。他的"天意情侣服饰专卖店"是北京第一家以情侣为主题的专卖店，在2004年"五一"期间开业。公司的经营理念中有一句话——"用爱心感染顾客，让顾客充满爱心"。作为一家以爱情为主题的专卖店，服饰店的主色调是粉色，再搭配上色彩明快的货架、精心摆设的礼品、柔和的灯光和曼妙的音乐，到处弥漫着浓浓的爱意。

在这里，有许多围绕爱情主题的创意新奇的东西。比如情侣伞，它是一种椭圆形的伞，有普通伞的一个半大，专供两人使用；还有一种玉石，是将一整块玉从中间切开，情侣一人佩戴一半。情侣装、情侣杯、情侣饰品、情侣钱包等更是比比皆是，一共有300多种产品，从5元到八九百元不等。一部分产品直接向厂家订购，有些商品则是自己设计，找厂家加工制作的。

除了许多流行的元素外，情侣用品在设计上更注重从古典文学及民族文化里挖掘创意：如有一款衣服上印的是"郎骑竹马来，绕床弄青梅"，另一款则是西藏古老民族的图腾藏莲花。同时，设计紧跟时尚潮流，在电影《魔戒》流行时，服饰店马上推出了与魔戒相关的主题服饰，每天都供不应求。

服饰店还设置了"许愿板"，人气一直不错，密密麻麻地贴满了恋人们的幸福宣言和美好祝福。

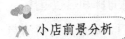

小店前景分析

情侣服饰是一个现代词汇，是表达情侣双方爱情的一种服

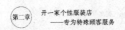

饰。恋人一起穿着情侣服饰，不但可以促进爱情甜蜜，还可以见证永结同心，因此很受大众情侣们的欢迎。有关专家指出，当今社会经济发达，民众收入不断增加，恋人们有了更多的经济能力来打造自己的爱情之路，互送礼物、信物以表达相思之情已成为一种时尚，情侣消费市场的潜力巨大。统计显示，中国 14 亿人口中 16～35 岁的年轻群体达 4 亿多，情侣服饰这个市场才刚开始蓬勃发展，远远超过普通消费市场的增长速度和增长潜力。

情侣服饰早已在韩国、日本、意大利、法国等世界各国流行。据调查显示，情侣装在日本东京的平均年销售额已达到 3800 亿日元，成为日本服装市场中市场份额最大的服装类型之一。

情侣服饰店以都市年轻人为主要消费对象，兼及中年人市场，不分年龄、不分性别，几乎针对所有的消费人群，尤其是在引领时尚新潮方面，基本囊括了 4 亿左右 18～35 岁的主要消费者。该群体具有以下特征：

1. 猎奇心理强烈，喜欢新生事物；

2. 消费理性程度低，面对心仪的东西不惜破费金钱；

3. 收入水平较高，消费需求旺盛。

产品若能从品牌的心理暗示上、产品的综合用途上与以上 3 个特点不谋而合，必将会在终端市场获得广泛青睐和热烈追捧。

情侣服饰店作为一个观念新颖的专卖项目，通过对时尚消费品市场的深入考察，以及对爱情、亲情、友情三大主题的全面论

就想开一家自己的小店
又赚钱

证，以爱情为主打概念，以爱情状态中的都市男女为主要客户。无论专卖店有多大，情侣服饰系列的产品都会让专卖店显得琳琅满目、丰富多彩。合理的产品配比，既可以让小店显得紧凑、可人，也可以让小店显得开阔、大气。

在产品规划及价格策略上，情侣服饰店70%的产品定位在新、奇、特层面上，要求外观独特，视觉新颖，主题明确，在保证专卖店品位的同时，取得丰厚的利润。

目前，在我国都市繁华街区的服装市场，年轻人是时尚消费的一个巨大群体，他们对时尚比较敏感，服装的更新也很快，这也是很多国际性的知名品牌争相进军中国的原因之一。但是这些品牌虽然迎合了时尚青年追随时尚的心理，却也忽视了青年人大都处于恋爱阶段这一特点，因此情侣服饰销售大有市场。

亲子服装店，体味"缘来一家人"的温馨

上篇讲的都是情侣装，如果有了宝宝，情侣装就跟不上形势了，亲子装就要应运而生了。

🎁 **小店成功案例**

生意做了一年，老王的服装小店才偶然间迎来了新的机会。

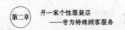

这天，一对年轻夫妻光临了小店，看到五颜六色的情侣装十分开心，立即选购了两套；快到付钱时，女性请求老王亲自为他们定做一套亲子装——在她看来，一家三口穿上一个款式的衣服，才叫亲亲密密呢。

老王留下了小夫妻的电话，即刻与服装厂家联系，三天以后，宝宝的 T 恤就到货了。

老王因此受到了启发，他想：亲子系列这么受欢迎，为何不多进一些货呢？于是，他对外打出了"DIY亲子装"的横幅广告，联系服装厂家做了许多样本图片，很快便吸引了众多的年轻家庭。一个月算下来，老王的利润居然多出了 2500 元。

之后的一年，老王开始把亲子装作为自家店铺的主打货品，经营一段时间后，又进一步将"亲子"的概念延伸到了家居物品与首饰上。经营一年下来，斩获颇丰，比以前单纯做普通服装时每月利润高出了 3000 ~ 5000 元。

小店前景分析

什么是亲子装呢？简单地说，就是父母和儿女穿着一个款式、一种色彩的衣服。

父母为了弥补平时工作忙，无法陪伴孩子的遗憾，最好的办法莫过于星期天和孩子一块儿逛商场，给孩子和自己买上一套亮丽、时尚的亲子装，然后一块儿去逛公园、看电影，让孩子通过与父母穿着一模一样的衣服，感受到他们和父母之间的距离

就想开一家自己的小店
又赚钱

是那么近，他们是父母不可分割的一部分，他们之间的关系亲密无间。也许，对于父母来说，此刻用这样的方式表达对儿女的爱，胜过千言万语。除此之外，子女对父母的爱，丈夫对妻子的爱（或者妻子对丈夫的爱），情侣之间的爱，都可以采取这种表达方式。它不需要表白，不需要解释，一切尽在不言中。因此，开一家亲子装定做店大有可为。

对于亲子装来讲，每款服装目前主要有 8 个尺码，远多于通常的服装尺码数，在每个销售季节大约会更新 200 个以上的款式，因此尺寸多、品种多是亲子装的基本特点。在经营亲子装专卖店时要注意以下几点：

一、货源是关键

1.新入行的店主为了省事可以选择加盟亲子装品牌，加盟品牌的优点是品牌服装可提供全套服务，缺点是我国亲子装品牌较少，可选择范围小。

2.具备服装设计功底的店主可以提供个性亲子装服务，例如，手绘亲子装、定制亲子装等。优点是有个性、时尚、与众不同，虽然店面中每款服装的数量很少，但是款式却非常多，因此可以概括为用款式赚钱。缺点是从产品设计研发到店铺管理销售都需要亲力亲为。

二、选址有讲究

亲子装专卖店的选址除了繁华街区、大型商场之外，还可以选择在妇幼医院、幼儿园、小学附近，其中的奥妙自不必多说。

三、锁定目标客户

由于完全是新型概念的服装经营，亲子装面向的消费人群为当地城市生活条件较好的现代家庭，这些消费群体的消费能力毋庸置疑。

四、营销技巧

首先，亲子装强调的是亲情，几乎所有的亲子装商家都把亲情作为最大的卖点。同时，亲子装和童装类似，是少数购买决策者和消费者分离的品类之一——决定购买的是父母，而消费的主体是孩子。因此，亲子装的营销既要从父母的感受出发，也要充分照顾宝宝的感受。

其次，按照中国台湾地区的成功经验并结合大陆地区的市场实践，建议亲子装专卖店以50%的占比来经营亲子装，另外50%主要经营童装。从几十元的饰物、包到几十元至几百元的服装，种类要丰富。

尽管从市场条件与基本投资的要求来看，亲子装比较适合小投资来运作，但还是要提醒投资者，要想在亲子装领域掘金，最好还是要有一定的服装营销经验。从市场现状来看，亲子装只是属于"破壳而出"的最初阶段，在这样一个阶段掘金，有开拓的意味，既需要眼光，也要有一个喜欢分析的头脑，再者就是热情。带着赚取暴利愿望的你可能会失望，但是尽力经营一个自己的特色店铺却是现实的。

就想开一家自己的小店
又赚钱

以"爱情不打折"为经营理念的服饰店

开设情侣类物品的店铺，经营模式是最不能忽视的，张春雨正是用其独特的经营模式成功地经营着自己的情侣物品店。

🎁 小店成功案例

走进上海北京路上的"诺雅尔"店铺，顾客很快就会被里面的产品所吸引。因为在这里，几乎所有的产品都以成双成对的形式展现。店铺主人张春雨成功地经营着以爱情为主题的生意，而进入店铺的很多消费者都会记住这位店主"爱情不打折"的生意经。

张春雨最初的设想是开一家情侣装专卖店，主要经营情侣帽、情侣装、情侣鞋、情侣袜子、情侣手套等产品。可是通过实地调查，她发现服饰市场上可供她选择的产品非常少，很难满足要求个性和特色的顾客，于是，她开始另寻经营之路。

2007年5月，通过网络，张春雨发现广州有一家服饰公司，其经营的情侣服装、饰品、摆设、日常用品等都非常有特色、个性，于是决定到广州地区进行实地考察。

通过实地考察，张春雨觉得那些商品很能吸引情侣。考虑到

◇ 服装陈列的方式 ◇

服装常见的陈列有以下几种：

专题陈列

又叫主题陈列，即结合某一事件或节日，集中陈列与此有关的系列服装以渲染气氛，以利于某款服装的销售。专题选择有很多，如各种节日、庆典活动等重大事件都可以融入商品陈列中。

两端陈列

中央陈列架的两端是顾客往返时都要经过并且客流量较大的地方，因此，两端是卖场内最能吸引顾客注意力的地方。所以两端陈列的服装主要是高利润商品、特价品、新产品，也可以是流转非常快的推荐品。

悬挂陈列

将商品展开悬挂或安放在一定或特制的支撑物上，使顾客能够直接看到服装全貌或触摸到服装。包括高处悬挂和销售悬挂。

就想开一家自己的小店
又赚钱

情侣饰品专卖店与自己当初设想的初衷并没有相违背，张春雨便开始了自己的创业之路。

由于店铺中的产品总是以一双一对的形式出售，不少消费者觉得它的销售价比较高。当消费者询问产品能不能打折时，张春雨总是回答："爱情是不能打折的。当然，价格优惠点是可以的。"

当然，情侣并非专属年轻人，虽然当前店铺中顾客的主力军是一些年轻人，但张春雨认为她店铺的顾客群应该更广。虽然店里的情侣产品特色鲜明，但张春雨并没有秉承"物以稀为贵"的原则，将店中货物定上一个不菲的价格。由于将利润定得比较低，虽然每天都卖出相当多的产品，但是张春雨觉得自己的收益并不是非常高。不过，经过一个多月的经营，张春雨认为自己薄利多销的策略还是相当正确的。

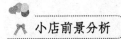

小店前景分析

恋人们互相赠送礼物表达情意已成了生活中的平常事儿，可就是这平常的事儿却让相爱的人们颇费脑筋。都市情侣们总会在如下日子到来之前倍感烦恼——情人节、结婚纪念日、爱人生日、相识纪念日、恋爱纪念日等。"送来送去，就是钱包、衣服、领带、皮带、打火机、手表、首饰之类，很实用，但也很闷。"对于看好这方面生意的店主来说，加盟一家情侣服饰店是进入这个行业比较快捷、稳妥的一种方式。

加盟情侣服饰店，在进货与品牌经营方面多了几分保证，但是一家店铺的成功，很重要的一点仍然是讲究人气。情侣服饰店在人流量集中的地方开店是最理想的，也可选择在服装街上"安家落户"，追求规模效应。你只要把小店经营得有特色，再加上品牌效应，自然会吸引固定的客户群。

通常来说，情侣服饰店的好店址有以下几个共同的特点。

1. 商业活动频率高的地区

这种地区通常是商业中心、闹市区，也是情侣们活动最频繁的地区，营业额必然较高。

2. 人口密度高的地区

在居民区附近开店，距离情侣们的生活区域比较近，人们光顾店铺的频率相对高，生意就好做。而且，由于人口的流动量一直都很大，容易控制每天的销售额，所以销售额就不会骤起骤落，能够保证店铺稳定而丰厚的收入。

3. 客流量多的街道

把情侣服饰店开在这类街道上，光顾店铺的顾客就相对多。但是要考虑街道哪一边客流量大，还有地形或交通等的影响，以选择最优地点。对于那些客流量大，但因为是交通要道，客流都是上下班人群的地方，则不是情侣服饰店地址的最好选择。

第三章

开一家时尚家居用品店

——让别人的家也靓起来

壁饰店引领居家时尚

壁饰店时尚感强，开店投入小且回本快，非常符合现代人的需求。开一家壁饰店不失为一种创业的好选择。

人们每天所接触的从交通工具到生活日用品等，大多是出自工业化的成果，都是一些缺少情感的模式化产物。随着社会生活节奏的日益加快，长期生活在繁华大都市的人们，开始常常怀念质朴的自然环境，渴望人与人之间的情感交流。

王凤发正是看到了这一点，才创办了一家专门生产和经销壁饰艺术的公司。公司的设计风格是欧美流派和中日式流派相结合，经营各类壁饰、书画、陶罐、工艺品、盆花、镜框加工等，创立了一种更贴近人类生活及美化居室环境的壁饰艺术。

在不断提升产品质量和吸引力的基础上，王凤发对自己选择的事业非常有信心。他认为，将壁饰，尤其是将那些手工精心制作的壁饰装饰居室，可以营造一种温馨又富有个性的艺术氛围，也使人们渴望回归自然的心愿在一定程度上得到满足，必然会受到越来越多的消费者的青睐。

根据材料和制作工艺的不同，王凤发所经销的壁饰可以分为三个档次：第一，以藤、木为主要材料的产品，售价都在200元以下，不但价格低廉而且品质最自然；第二，以装饰材料为主的产品，即在自然材料之外运用复合材料，价格一般零售价为200～400元；第三，把绘画艺术与各种材质结合起来的高端产品，一般在400元以上。

虽然店铺刚开不久，但王凤发并不急功近利，而是用真心慢慢打响自己的品牌。在服务顾客方面，王凤发会尽量满足他们的需求。一次有位顾客尽管只买了一幅200元的小壁饰，王凤发还亲自为他上门安装，并多次调整，直到顾客满意为止。顾客很感动，第二天马上又来买了两幅壁饰回去。五一期间，有位顾客在店里一下子买了五六幅壁饰，第二天王凤发去送货，顾客说在某个地方还想再多挂一幅。王凤发并没有为了多做一笔生意而欣然接受，反而劝其不要买了，因为家里东西挂得太多效果反而不好。如此从顾客立场出发的经营理念使得王凤发的店有了越来越多的回头客。现在王凤发每个月都能赚到2万多元的纯利。

小店前景分析

壁饰店的经营者最好具有一定的艺术鉴赏能力，并且在家庭软装的最新趋势方面能有一定的认识，这样才能更好地推荐自己的产品。

壁饰店的选址十分重要，选择不当将会导致客流量不足。考

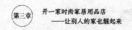

虑到租金等各方面因素，建议选择商业街的边缘门面、旅游品街、工艺品街、超市店中店、百货商场工艺品区域等地，最为理想的是家具城和建材城。也可以寻找新兴居民区附近的门面，不过，由于壁饰不是重复消费品，小区附近的市场到了一定程度就会饱和，所以，那里只适合短期开店，不适合长期发展。

多种经营的创意家居用品店

李伟斌的家居用品店"BENSHOP"生意很不错。老板李伟斌凭借着敏锐的市场嗅觉，在原创艺术与市场需求中找到了平衡点，使得这家货品"曲高"的小店并不"和寡"，小店屹立在闹市区已超过了 5 年，在同行中也算得上一个不大不小的奇迹。

🎁 小店成功案例

作为艺术工作者，李伟斌投资开设家居用品店是在无意之中做出的决定。但是他认为，文化与利润从来都不是两个背道而驰的概念，向顾客推荐包含文化概念的商业用品，只要实用性强、质地上乘，都能受到大众青睐。

早在 2005 年，李伟斌就想投资开设一家原创风格的家居用品店，销售自己所爱的外国产品与朋友们的作品。于是他上网搜

索相关信息，外国的一些小店给了他启发：发达国家的原创作品店很少以独立的零售店模式出现，而更像一个个生活馆，而且功能多样化。李伟斌发现，这些小店销售的不仅是产品，更是一种慢慢过日子的生活方式。于是这成了他开店的核心理念。

于是，在租赁店铺之后，李伟斌也如法炮制装修，加进了两个"生活馆"的元素。一是咖啡吧——他将前台收银处装修成了咖啡台，顾客买完原创产品后还可以在这里买饮料喝。二是书吧——他在小店的角落里放置了几排书架和沙发，供读者阅读、喝咖啡、聊天之用。这样一来，一位顾客但凡进店里来，可干的事情就有了四种：看书、买产品、喝咖啡、与朋友聊天。

在商场沉浮多年，目睹了太多同行在商业大潮中迷失自己，李伟斌却凭借独特的眼光与嗅觉脱颖而出。

开始的时候，李伟斌出于对原创理想的坚守，引进来的货品不是国外新潮流艺术家的最新作品，就是国内精英原创团队的样板作品，但价格也难免偏贵。之后，他进行了两个方面的改革。一方面，他引进了更多的商品，尤其增加了年轻人偏爱的文具与洁具，并将色彩斑斓的浴巾、可爱的模型陈列在店铺的醒目之处，以吸引年轻顾客的目光。此外，环保概念也成为李伟斌抓住男性顾客、中性偏好女性顾客的重头戏。李伟斌做广告设计多年，对于产品定位有着深刻理解，在环保理念中，淳朴的质感、洁净的材料是与男性审美需求不谋而合的。于是，小店的产品被他重新划分了类别，顾客各安其所，人流量一下子大了起来。开业一年多，小店就进入了稳步盈利状态，并且在业内打响了名声。

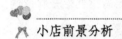

小店前景分析

中国社会调查事务所（SSIC）在内地做的家居装修、装饰专项问卷调查显示，在2006年以后，中国公众家庭家居装修、装饰将会涌现新的潮流。更多的人预备将装修费省下来，用以购买能够让居家布满个性和情趣的家居用品和装饰品。所有时尚潮流饰品市场的引导性资料均显示：大众消费水平的不断提高，直接引发了人们对生活情趣更高层次的追求；时尚、品质、个性，越来越成为生活、办公中不可或缺的重要主题。家饰重要性的凸显使

就想开一家自己的小店
又赚钱

得时尚潮流饰品已经成为单位、个人赠予的时髦礼物，国内时尚创意用品市场的需求空间在强劲的消费拉动下将变得空前宽广。

但是，市场调查显示，目前此类产品相对分散，仍处于"品种少、质量差、流通慢、价格高、无品牌、市场乱"的初级发展阶段，而且在绝大多数中、小城市时尚类专营店中几乎属于空白，因此急需一个品牌化、专卖化、规范化、产业化的时尚品牌来引领中国市场。

多数家居产品售价偏高，暂时不属于大众消费。同餐饮服务业相比，该类生意进货昂贵、毛利率偏低。

在北京、上海，类似小店的生意都是越做越红火；随着经济的发展和市民文化素质的提高，个性化需求将会更高，此类小店的前景将更加值得期待。

引领时尚潮流的家用香熏小店

香熏产品进入市场的时间虽然不长，但是已成为一种时尚消费潮流，拥有相当不错的市场前景。

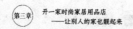 小店成功案例

在中国，香熏疗法已经有好几百年的历史了。近年来，香熏

这种古老的美容和调理疗法又渐渐展现出它的魅力来。

王敏在上海南京路附近开了一家香熏小店。香熏用品的外形、香型、包装、质量往往决定着经营的成功与否，因此，王敏在货源上颇花了些心思，她积极与多家供货商联系，引进新潮而独特的产品，如 SPA 专用香熏灯、瘦身香熏精油、香熏浴盐等；在香型选择上也紧跟潮流，选择薰衣草香型、绿茶香型、迷迭香香型等，她深知只有这样才能吸引顾客。

王敏的香熏化妆品小店商品摆放得很整齐，展示柜分成若干个小方格子，每个方格子里展示一种香熏化妆品，当然不同种类的香熏化妆品功用也是不同的，这也许就是她分类摆放的本意吧。王敏认为，选择香熏化妆品很有讲究，尤其要注意根据自己肌肤的不同特点和出现的不同症状来选择。比如说，干性肌肤就适宜选择薰衣草、檀香木、橙花、玫瑰、天竺葵等植物精油类护肤品；油性肌肤适宜选择佛手柑、尤加利、茶树、柠檬、迷迭香等精油类护肤品；混合性肌肤适宜选择依兰、茉莉等精油类护肤品；而如果是过敏性肌肤，薰衣草、甘菊类精油护肤品就很适宜。另外，天竺葵、佛手柑、檀香木、橙花类精油护肤品具有抗老化和抗皱的功效，甘菊、天竺葵、薰衣草类精油护肤品能治疗皮肤炎症，柠檬、佛手柑类精油护肤品的美白效果明显，茶树油护肤品则可以祛除青春痘。

此外，王敏的香熏化妆品小店还有一个最吸引人的地方，那就是商品的价格要比市面上其他香熏化妆品店低将近20％。对此，王敏的理由是，由于小店新开张不久，加之日化型香熏化妆品市场尚处于初期，她希望借较低的价格能吸引更多的香熏化妆品消费者，让这种健康便捷的美容护肤方式流行开来。

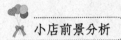

小店前景分析

在广州、上海等大城市中，大大小小、品牌多样的香熏精品专卖小店已经成为热闹繁华的商业街上一道新的风景。通过燃烧含有植物香精油的香熏蜡烛来获得身心上的放松，是现代都市人休闲、减压的新方式。随着这种新的消费方式的日益普及，嗅觉灵敏、眼光尖锐的创业人士也因此洞察到了香熏小店里隐藏的巨大商业潜力。

香熏既可以养颜怡性、祛病强身，也可以视为一种高雅陈设，故现已成众多年轻男女追求的时尚。开一家香熏店所需的投资大致包括以下几部分：店铺租金、装修费用、进货费。其中店铺租金和装修费用的地域差异较大，进货费根据品牌的不同，也有比较大的差异。目前的香熏店多是加盟连锁的形式，因此选择一家正规成熟的品牌加盟商，不仅省了白手起家创业的艰辛，还能较好地保证利润。

俗话说，机遇与风险同在，盈利与亏本同生。经营香熏店要根据具体的情况来确定营销计划，因为开任何店都会有一段时间的"探索期"和"磨合期"。目前市场上类似的香熏产品让人眼花缭乱，如果经营者不懂得香熏产品的特殊性，不在营销方式上推陈出新，而仅仅依赖于加盟品牌的效力，恐怕难以经营成功。只有做出自己的特色，走品牌之路，才能赢得客户和市场的认可。

窗帘小店，让家居生活美起来

在家庭装修中，窗帘是绕不开的必需品，这是家居业的一个重要市场。小小的窗帘也可以闯出一片大世界。

🎁 小店成功案例

在宁夏银川乃至整个西北地区的窗饰布艺行业内有一个响当当的名字——"洋洋布艺"。从1996年创业至今，"洋洋布艺"的陈海建已将当初在商都仅有30平方米营业面积的小店，扩展成为现今近1000平方米、经营中高档窗饰布艺和家居饰品的大型卖场。

1996年，20岁出头的陈海建总想干点儿自己的事情，在银川最大的装饰城华泰龙打工的经历让这个聪明的小伙子看到了一线商机——经营百叶窗。于是，陈海建在商都相中了一个30平方米的店面，为了节省开销、降低成本，他干脆在自家的简易楼房前盖了一间小平房作为加工点和仓库，并亲自进货，使加工、销售成为一体。就这样，陈海建的"洋洋百叶窗"小店在1996

年年底开张了。

船小好调头。由于陈海建的小店运作成本低，百叶窗的价钱比华泰龙便宜了不少，产品质量和服务态度又好，很快凭借着这些优势迎来了大量客源，每天的生意都很红火。陈海建和雇来的工人没日没夜地干活，白天出去安装，晚上在家加工，一个星期最少要熬两个通宵。激情是无穷的力量，虽然每天的工作量巨大，可是看到生意这么好，再苦再累也干得欢。就这样，陈海建忙忙碌碌、兢兢业业地干到了1998年。他奢望中的运输车——摩托车早已变成了现实，自己当初的投入也变为现实的利润极大地回报了自己。

但是好景不长。由于百叶窗的高额利润像一块诱人的蛋糕，引来众多"分食"之人，1998年银川的百叶窗市场急速扩张，一时间，经营者众多，良莠不齐，泥沙俱下。百叶窗的市场价从110元每平方米，迅速跌至30元每平方米，利润从200%骤然跌落到不足20%！再好的产品和服务也抵挡不住恶性竞争的伤害，又苦苦经营大半年之后，陈海建毅然撤退，图谋东山再起。

经过对市场的观察和分析之后，他看到了新的商机——窗饰布艺！经过几年的时间，百叶窗所占的市场份额正在逐渐减少，人们已经不再满足于百叶窗效果单一的装饰作用，富于变化的新材料必将逐步取代百叶窗的统领地位。

从1999年开始，银川的房地产业也逐步进入快速发展时期，越来越多的家庭准备更换住房或重新装修，人们的消费观念也逐

步变得更加灵活，银川的窗饰行业潜力巨大。喜欢思考的海建又看到了新的希望。

当时的银川市场上窗帘布艺店不多，且品种单一，档次偏低，整体水平不高，是一个很好的切入时机。陈海建的哥哥一直在做服装专业的老师，于是他决定辞职，利用自己的专长和弟弟一起打拼，拿着二姐用价值9万多元的新出租车换来的7万元现金，两兄弟满怀希望地开始了"二次创业"。

1999年年底，70多平方米营业面积的"洋洋布艺"在众商云集的新华街开业了！陈海建亲自寻找货源，哥哥陈海洋精心设计款式，让每一个进到店内的人不由得耳目一新。由花色、品种繁多的布料制作而成的款式新颖的窗帘，彻底颠覆了人们的陈旧

就想开一家自己的小店
又赚钱

观念。用布窗帘装点家居温馨且自然，消费者很快就接受了"洋洋布艺"的风格，生意自然有如芝麻开花般节节升高。

到了 2000 年，陈海建想把店面的营业面积扩大，以增添更多的品种，吸引更多的顾客。最后，新店面选在了南关清真寺旁，对面是一个大型灯具市场。因装修家居来挑选灯具的顾客很容易被吸引到"洋洋布艺"，无形中又增加了许多潜在消费者。新店 200 多平方米的面积也使得陈海建有了更大的空间来增加花色、品种和经营项目，顾客的选择余地也变得更大。

陈海建是个时刻有"企图心"的人。他意识到窗帘布艺市场的发展趋势将是走大规模、集约化经营之路，功能完善、环境优良的大店终究会将一个个小店逐步吞并，因此他的目标不仅是要让"洋洋布艺"长久地发展下去，更希望做成银川市场乃至西北地区的一流名店！

经过反复选择，2002 年年初，陈海建兄弟俩把店搬到了银川市商业银行分行旁一处拥有近千平方米的二层营业楼。他们谈定十几家品牌的独家代理，增添了家装饰品、中高档床具及床上用品、餐桌、休闲桌椅、各式各样的窗帘轨道等，扩大了仓库及加工车间，推出了"设计、加工、安装、售后全免费"的优质一条龙服务。店内所有款式的窗帘均是最新流行的，每隔一个半月厂家最新款的设计成品就会悬挂在店内供顾客选购。

陈海建亲把面料质量关，价格则做到全市标价最低。论规模、档次、款式、质量、价格、影响，现在的"洋洋窗饰布艺广

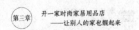

场"已经成为名副其实的银川窗饰布艺第一大店，在西北地区也是名列前茅的。楼上、楼下精心布置的展厅，为顾客提供了一个宽敞、舒适的购物环境，国内外数百种精品让人看得目不暇接，让人可以选到称心的窗饰，省却奔波选购之苦。

至此，以前的"洋洋布艺"以傲人的实力真正成了宁夏同行业中的龙头老大！新华百货办公区、区政府办公楼改造等办公楼项目的窗饰部分，牡丹园、民生花园、永康家园、邻秀一居等高尚住宅区样板间的软装饰部分，以及外市、县的大批工程项目都无一例外地选择了"洋洋布艺"。

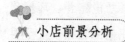

小店前景分析

窗帘生意前景很好，买房的人多了，相应便拉动了装修、装饰业的火爆。装修新房一定会光顾窗帘布艺店，而其中很多人喜欢去中、低档的店，毕竟价格比较实惠，而做工也不差。所以，中、低档窗帘布艺店的市场很大。

开一家窗帘店不是开杂货铺，技术上的东西很多，需要学习的也很多。初入行的新手如果想开店，建议先去某家窗帘店上班学习上几个月，积累一些经验再下手。

开一家窗帘店，首先你要了解你所在地的窗帘市场情况，主要就是住房开发情况，因为新住房都需要装窗帘，这就是你的潜在顾客群。还有就是当地的消费水平，这决定了你将来的窗帘店如何定位，以及经营什么类型的货品最合适。

就想开一家自己的小店
又赚钱

窗帘店的选址首选在市中心装饰公司多的地方，或者窗帘店多的地方，因为现在大家做装修基本上都是找装饰公司，人家去装饰公司时可以顺便看一看你的窗帘。

窗帘店的进货方式主要有三个渠道：进口窗帘、广东窗帘和浙江窗帘。进口窗帘主要是从韩国和欧洲进货，这样的货品价位高，虽然利润丰厚，但不是很容易推销。广东货也不错，很多是模仿欧洲的，但价位也偏高。浙江的窗帘基本上都是仿广东的，价位低，但是质量相对差了些。

如果你是一家小型窗帘店，当然不能直接从厂家拿货，一般可以从几个大型批发市场拿货，北方的朋友可以考虑淄博周村，那是北方最大的布料批发市场。靠近浙江的朋友可以去浙江绍兴进货，另外武汉汉口批发市场也很大，浙江货、广东货都有。

改变生活理念的艺术马桶专卖店

马桶从来都是躲在卫生间里，难登大雅之堂的，但它又是人们生活中必需的物品。现在马桶也要披上时尚的外衣了，很多人在家装中又增加了新亮点：要在卫生间这块隐私之地透出主人的情趣。这也为开店创业者打开了一扇新意大门。

假如有这样一间艺术马桶专卖店，店门是一个巨大的马桶

盖，店里就是马桶世界：深海世界的水草和鱼、激情燃烧的沙漠和绿洲、搞笑的漫画、恐怖的怪兽等应有尽有。坐在粉红色马桶状的沙发上挑个艺术马桶回家，给自己的生活以全新的感受，相信这样的艺术马桶店一定能够吸引很多消费者驻足观望，满足那些对生活充满求新、求变渴望的人们，同时也将给经营者带来可观的收益。

🎁 小店成功案例

日本一直有"洗厕开运"之说，即向"厕神"祈祷可广开财运，而让"厕神"高兴的最好方式莫过于保持卫生间的清洁。有人称，卫生间的清洁程度是同主人钱包的厚度成正比的。甚至有人将股票解套、彩票中奖、升迁、病愈等都归功于洗厕。

我们暂且不论这种说法的来源，但厕所文化所引发的商机却是不容置疑的。马桶确实可以装扮家居，将马桶变成艺术品、把卫生间变成"艺术空间"已成为现代人的一种新时尚。

在台湾就有一家专门经营艺术马桶的专卖店，其店门就是一个巨大的马桶盖，店里各式马桶应有尽有：沙漠和绿洲、搞笑漫画、恐怖怪兽、海底世界……顾客则坐在马桶状的沙发上挑选自己中意的马桶。根据制作材料的不同，艺术马桶的价格从几百元到数千元不等。

在这个善变的时代，马桶盖DIY也是个好主意。台湾一些马桶店都有这样的服务：顾客负责提供图片，工作人员用数码技术将其拷贝到马桶盖上，短短 10 分钟时间，一个彰显主人个性的马桶盖便出炉了，简便、经济，还可随时替换。

小店前景分析

艺术马桶价格可以从几百元到数千元不等，这主要是根据所用的材料来定，大部分马桶适合于普通家庭且方便更换。马桶的采购很关键，这是决定利润多寡的重要环节。你最好能从厂家直接订购，这样可以拿到最低的价格。马桶店要有艺术品位，一开始就要本着向顾客灌输新思想的原则来经营店面。店内布置要别具特色，最好都与马桶有关。若店主对艺术设计和房间装修方面很内行，做起来将会得心应手。艺术马桶是一种生活理念的改变，并不是玩闹的绘画游戏，所以不排除其成为生活主流的可能。

艺术马桶的观念普及会需要一段时间，所以在开店之初你不要急于盈利，而要给顾客以心理接受期。在开张的前期最好通过宣传单、报纸广告等形式来扩大影响、吸引人气，在新楼盘区更要加大宣传力度。

另外，你可以组织一些强力营销活动，比如：请一流的设计师设计"未来的洗手间"，请歌唱家为马桶唱赞歌，请茶道家、插花家、钢琴家坐在马桶上表演艺术等，这种全新的广告推广理念不仅可以改变人们对马桶的看法，还具有化腐朽为神奇之功效，使艺术马桶吸引更多的人前来观看，使他们认识到艺术马桶的内在之美，从而使他们产生购买艺术马桶的冲动。

婴儿纪念品店：开发独具特色的商机

目前，婴儿纪念品商店在我国各大城市也陆续开始出现。只要你能真正服务到"家"，并抓好宣传，生意肯定会红火。

小店成功案例

日本大阪市有一家马克公司，它专营婴儿纪念品。主要服务项目是把婴儿的足印和手印，用特殊技术印在金箔或银箔纸上，然后装饰在镜框里，同时附上祝福语和婴儿出生的年、月、日，以及身高、体重等记录。这项独特的服务刚一面世，就立即受到社会各界的欢迎。因为这些纪念品既可以体现父母的爱子之心，又可以让婴儿长大后能回味自己温馨的童年。如今，马克公司已承制了80万个婴儿手、足印的制品，订单还在像雪片一样飞来。

受此鼓励，马克公司继续加强这方面的研究，之后又推出了"胎毛笔"和"初步鞋"两个服务项目。"胎毛笔"是用6个月大的婴儿头发制成的；"初步鞋"是用金箔印出的幼儿初次学步的鞋印。它们在婴儿父母的眼中弥足珍贵，父母期待着婴儿长大后会对父母留下的纪念品爱不释手，抚摩着它，怀想童年的岁月和父母养育的恩德。

孩子是父母的心头肉。随着人们生活水平的提高，父母们越来越舍得在孩子身上花钱，这就为商家提供了不少赚钱的机会。有人在这方面捷足先登，开创了不少奇特的新生意。

宝宝出生后，胎发长到一定程度，需要做适当的修剪，可现今绝大多数理发店都没有提供为婴儿理发的服务；十月怀胎，一朝分娩，年轻的父母渴望为自己的宝宝留一份恒久、珍贵的纪念，而如今市面上除了简单的出生牌、手脚印和普通的胎毛笔外，找不出多少既精美又可以伴随孩子一生的纪念品来。开一家爱婴儿童纪念品店，瞄准市场空白，独具匠心地推出特色爱婴服务，专为宝宝提供上门理发和订制系列纪念品一条龙服务，既有经济效益，又有社会效益，生意自然会红火。

选择此项目，投入资金极少。除必须购置的材料和一些工具，以及技术培训费外，不需要很大的固定投入。投资者可以根据自己的实际情况，租门面或者家庭经营，也可以挂靠某一个医院或诊所。该门生意既是定做，又是现金交易，因而无拖欠钱财之事，流动资金几乎为零。

制作出的胎毛画、胎毛笔、婴儿立体手足纪念画等，视其材料，分普通类和高档类，价格从几十元到上千元不等。此类项目适合大、中、小各类城市，月利润可达万元。

由于这种店铺是针对婴儿的，所以在卫生方面需要特别注意：

1. 理发师需要通过婴儿头部护理及理发的双重培训，具有给婴儿理发的丰富经验。

2. 理发用具必须是具有高度安全性的婴儿专用理发工具，而且每次理发前都要经过严格的消毒，以避免交叉感染。

3. 可开发制作婴儿生肖合成胎毛画、婴儿立体手足纪念画、精嵌胎毛笔等系列产品，力求技艺精湛，外形美观，既给孩子留下终生纪念，又能放在家中作为一种高雅的装饰品。

此类店铺对地点没有固定的要求，只要不在偏远的城郊便可。因此类店铺一般均为上门服务为主，在宣传时，要重点突出你的电话号码，让人们记住。顾客需要服务时，只需拨打电话便可。

懒汉用品店，专做"懒人"生意

在现代生活的快节奏下，谁不想节约点时间？如果偷点懒能挤出更多的时间干别的，那不是一举两得吗？为了方便大众，不妨开家懒汉用品店。

🎁 小店成功案例

几年前，在山东读大学的小郝毕业了，并随着男友来到了上海。凭借自己所学的计算机专业知识，她在一家 IT 公司做起了程序员。

在上海，白领往往又被称为"新懒人"。他们的收入不错，

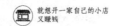

就想开一家自己的小店
又赚钱

崇尚简约的生活方式。小郝男友的生活就是典型的"懒汉相"，他的住处有一整套懒人必备的"新式武器"：为了便于搬家和出游，他喜欢睡充气床；他买的新型洗碗机连锅也能扔进去洗干净；他穿"懒汉袜"，为的是节省出每天早晨分辨脚后跟的时间；他用懒人早餐机，为的是每天能以惊人的速度自动生成香喷喷的三明治；他的扫地机器人根本不需要自己弯腰……

一天，一帮同事到他们的住处来玩儿，见到小郝和男友用的那些懒人产品后，非常惊喜，有人就建议小郝开一家"懒人用品专卖店"。小郝顿时受到了启发，觉得如果开一家"懒人用品店"，专卖那些可以让白领省时的懒人产品，肯定会大有市场。

几个月后，小郝便辞去了工作，并和男友拿出6万元积蓄，开始了"搜货行动"。他们逛遍上海的各大批发市场，进了许多一次性产品，如一次性餐具、餐巾、台布，一次性毛巾、牙刷、香皂，以及一次性使用的芳香型擦鞋布、纸制内衣裤、拖鞋等，这些都是不需要循环使用的商品，它们操作简单，用完就扔，很受懒汉们的喜爱。

同时，他们也不忘搜罗一些适合"新懒人"使用的新潮商品，如一个月只需浇一次水的"懒人花盆"；无论你想坐、想卧、想躺都能让你舒舒服服的"懒骨头沙发"；能自动将垃圾的体积压缩三分之二的"懒人垃圾桶"等。

"懒汉用品"的服务群体主要是那些工作忙碌、经常加班出差、无暇打理生活的白领们。一个月后，他们在浦东某个写字楼集中的区域选中了一间40多平方米的闲置店铺，正式开始了开店生涯。

为便于"懒"顾客们选购，小郝将专卖店布置成超市的格局。小店的内部装饰显得简约、时尚，让"新懒人"一见便觉得有亲和力。店刚开张时，为了让附近的白领都能知道自己的"懒人店"，小郝还把工作台搬到店门口，当面给围观的白领男女演示这些"懒人用品"的奇妙之处。果然，这种"现炒现卖"的推销方式很快拉动了销售量。此外，小郝还精心制作了一款漂亮的直投手册，专门介绍她的"懒人商品"。这一招儿还真灵，短短一周后，小郝已经完全打开了销售局面，专卖店里的生意也日渐火爆起来，每天都顾客盈门。

通过顾客们的口耳相传，小店渐渐有了知名度，而随着进入专卖店的"懒人"不断增多，她每月的收入也在迅速飙升。仅仅4个月，她就奇迹般地赚回了当初的所有投资。半年后，专卖店的月盈利突破了2万元大关。

当小郝手里已经积聚20万元财富，眼看狭小的店面已经不能满足顾客的需求，她决定扩张生意，开连锁店。3个月后，小郝在其他两个区开了两家分店，交给4名同乡雇员全权打理。新店开业后，生意也都很红火。

为了更好地发展，小郝决定多进新产品。于是，她开始频繁光顾"广交会""华交会"和"义乌小商品交易会"等，从成千上万件参展商品中，挑选出适合懒人使用的新型产品拿回店里。经过一番"搜货"，店里的商品种类渐渐丰富起来，200多种"懒人用品"

就想开一家自己的小店
又赚钱

堆满了货架，已经涵盖衣、食、住、行、玩等各个方面。而其中一些时尚"懒货"都是男友从国外厂家那里少量批发回来的。

同时，为了抓住已有的顾客，小郝又学着超市里的促销手段，为老顾客办理了会员卡，持卡消费可以享受全场商品打9折的优惠，并且可以累计消费积分，分数积累到一定程度，即可在"懒人专卖店"换取大奖。

一天，上海一家大公司的老板竟一下从店里买走了3万多元的"懒人用品"。这位老板说，每到逢年过节，上海的中外企业都会为员工发一些福利，他觉得送这些"懒人用品"给下属们，比别的赠品有新意，也更受"懒白领"们的欢迎。

截至目前，小郝已在上海拥有了5家分店和16名员工，个人资产达到130多万元。接下来，她不仅想把"懒人专卖店"开遍全国，还准备成立一家公司，生产出更多属于自己的"懒人产品"。

小店前景分析

懒汉用品店的服务群体主要是那些工作忙碌、经常加班出差、无暇打理生活的白领们，而且以男性为主，所以经营这些"懒汉用品"最好是在单身汉数量多的居民区内。小门脸可以布置成超市的格局，以便于顾客选购。店铺装饰上一定要突出"懒汉"的特色，让其一见便觉得亲切。其实这些东西在各种大大小小的商场里都能找到，可是"懒汉"哪有时间一个商场接一个商场地找它们呢？要做"懒汉"的生意就要勤快一点儿，挨家挨户将"懒汉用品"搜罗过来自己做专卖。这样，周围的大小男女"懒汉"们不用走几步路，下楼拐个弯到了店里，十几分钟就都搞定了。

"懒汉"们的消费能力将来会越来越高，如今国外的"懒汉"用品专卖店所销售的货品已经逐渐超越了小商品的范围，也许再过几年，像家具、电器这样的耐用消费品也将划入懒汉用品一族了。

家纺布艺店的温馨生意经

温馨的家庭中总少不了那么一两件精致的布艺品，胡女士正是看准这一点，才将自己的布艺小店开得红红火火。

🎁 小店成功案例

对家庭温馨感觉的爱好让胡女士开了一家家纺布艺店，而来她店里的人也都是比较爱家、顾家的人。这就是胡女士的"温馨生意经"。

从2002年开第一家店以来，胡女士的家纺布艺店已经可以称为连锁经营了。她从来没有打过广告，名声都是靠口碑传出来的。胡女士庆幸自己找到了一个自己喜欢的职业，利润在其中，乐趣也在其中。

一直以来，家居行业都是"重装修、轻装饰"。但是面对偌大的新房，人们总觉得缺乏一种"家的感觉"。做生意讲究"势"，逆势而为，事倍功半；顺势而为，事半功倍。胡女士恰恰是找准了从"轻装饰"到"重装饰"这种转势之间的商机。

看准了商机就成功了一半。胡女士非常同意这个观点。从开办第一家布艺店以来，她的生意越做越红火，一间不到20平方米的小店，年收入居然达到8万多元。

正是因为胡女士的精心打理，她的小店虽小，能提供的餐桌布却达30多个品种。各种地垫、靠垫、床上用品等加起来至少有四五百种，顾客到了她的店里，很少有空着手回家的。很多时候顾客本来只是进来看看，但是看到这么齐全的货品之后，往往被一些新奇可爱的商品吸引而买走了很多东西，以后就成了老顾客。这是胡女士最引以为傲的经营策略。

开家纺布艺店，关键是要看准顾客群，找准地段。胡女士当初之所以选择到黄泥街这个小巷子开店，主要是看准了黄泥街童装市场周围地区的潜在消费空间。爱家、顾家的年轻妈妈们，带孩子买完童装之后，很可能会再给家里买些家居装饰的布艺品。尤其是现在富裕阶层扩大，有车人士增多，更是具有很大的消费需求和能力。

选好店址后，还要根据顾客群的需求，看准货源进货。只有对布艺有感情，对流行时尚敏感，才有不断学习、不断更新产品

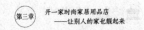

的动力。胡女士现在对布艺已经很专业了，可以依据流行时尚、家装环境和器物特性等各方面因素，向顾客推荐很漂亮的东西，而且一般不会出现退货的情况。

虽然胡女士的创业确实很累，这几年基本上没有时间休息，但她喜欢自己乐在其中的感觉。

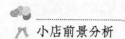

小店前景分析

近年来，家用纺织品越来越被人们喜爱，家纺行业被前所未有地"激活"了。通过近几年来国内外的交流，中国的家纺布艺逐步与国际家纺接轨，浙江、江苏一带家纺外贸的单量也越来越大，企业注重品牌形象与时尚化、个性化的产品特色，行业内专业化分工开始形成。

随着各种品牌服装的日益盛行，以前遍布各社区的裁缝店逐渐隐迹，与此同时，各种以窗帘、床上用品、饰品为主的布艺店则方兴未艾。

而要真正使布艺店被更多的顾客认识和接受，店面选址十分重要。家纺布艺店的最佳选址是大型居民社区和布料家居商城附近，因为很多来这里购买家居商品的人，大都是刚进行装修或者搬新家的，要布置一个新家，肯定会买一些漂亮的布艺饰品，于是你的生意也就来了。

就想开一家自己的小店
又赚钱

温馨家居配饰店——关注幸福生活的细节

厌倦了像宾馆一样标准化的家居装饰风格，温馨自然的田园生活家居配饰越来越受到人们的欢迎，开一家温馨自然类型的居家配饰类小店正当时。

🎁 小店成功案例

张小姐是一家家居配饰店的老板，她把铺子开在了北京女人街对面的临街铺面。这个区域算是北京的一个高档消费的区域，附近就有大使馆、高级写字楼、星级酒店等。她的家居配饰店主要以东南亚风格为主，主要销售藤木家具，以及烛台、熏香、陶艺品、布艺品等，店内的主色调是暖色，给人感觉非常温馨。

张小姐的开店初衷比较偶然。几年前她到南方旅行，看到好些有当地特色的小首饰，她灵机一动，觉得这么美的东西，拿到北京城肯定有人喜欢。于是，她投资15万元当上了家居配饰店的老板。其中一年的租金加上店面的装修，总共12万元，货品3万元。

每个月万把元的房租，贵是贵，但还是很值的。张小姐的顾客以外国人居多，也包括周围居住的年轻人，这个人群的消费能力很强。虽然店里的商品价位不低，如一盏手工制作的印度烛台就需要近 300 元，可是，生意却不错。张小姐现在每月的销售额有 6 万元左右，除去成本，每月的固定支出约有 17000 元，其中房租近 12000 元，水电费 1000 元，税费 1000 元，雇了两名员工，共 3000 元工资，每月可以净赚 2 万元以上。

小店前景分析

中国家居新趋势论坛调查显示，70% 以上的被调查者表示，未来将会加大自己在居室装饰方面的投入，其中，74% 的被调查者认为，装饰居室要能体现个人风格、品位，55% 的被调查者表示，通过居室中小物品的摆放和点缀能够达到营造家居情趣的目的。这个市场背景对开一家家居配饰店非常有利。

经营家居店，要有眼光，尽可能做得有特色，对家居流行趋势要有一定的了解，并尽可能地使家居配饰跟当前家居的风格保持一致；在货源认定上也应尽可能地追求风格鲜明、做工考究。

由于家居消费品的消费需求对价格比较敏感，投资者要尽可能实行灵活的价格策略，能够根据消费额或消费量而实行累进折扣，例如，对购买 5 件家居商品的，可享受折扣 5%，10 件可享受折扣 10% 等，即购买的数量越多，享受的折扣也就越多。这样既可以促进销售，也可以尽快回笼资金，减少库存。

最后值得一提的是，如果要开一家这样的家饰店，首先店主自己一定要是一个非常热爱生活、热爱家庭的人。另外，店内的布置也一定要像家一样温馨，让那些热爱生活的路人可以透过玻璃窗读到温暖的信息，从而被吸引进店里来。

第四章

开一家美容保健店

——传播美与健康

"美男"工作室，专攻"白领男"

美容行业生意日渐兴隆，虽然最红火的还是女性美容行业，但是加入女性美容行业的大军，竞争似乎太过激烈。相较而言，男性美容行业的市场还有很大的空白，如果能开家"美男"工作室，还是有相当大的发展空间的。

🎁 小店成功案例

爱美之心人皆有之，美容行业的热闹现状也就成了事实。但是从护肤、修眉、化妆、按摩等一系列美容项目中可以窥见，现在美容行业的顾客群绝对是女性的天下。上海姑娘李璐羽从中看到了创业的商机：男士其实也需要专业护理。经过一系列的市场调研，"璐羽男子美容工作室"热热闹闹地开张了，专为男士提供美容护理、化妆造型等服务。工作室坐落在交通便捷，人流量极大的繁华街道上。

现在市面上的女士专业美容用品至少有3000种，男士专业美容用品却少得可怜，很多时尚男士只好使用"舶来品"。实际上，一些欧美国家的男士美容用品并不适合亚洲男子的需求。于是，为顾客检测肤质，找到最适用的美容产品，成了李璐羽的第一个难题。

就想开一家自己的小店
又赚钱

李璐羽的工作室开张伊始并不顺利。按照李璐羽当初的设想，媒体、娱乐业的男性从业人员对美容、化妆造型的需求比较高，因此工作室的顾客群主要定位在这些行业。但是她忽略了这一行业的忙碌现状，即很少有哪个记者、主持人会有时间从容地享受一两个小时的美容护理。开业两周后，李璐羽迅速地调整了顾客定位：为所有的时尚男士们服务，尤其是那些需要以最佳状态面对工作、谈判、酒会的男性，经过1个多小时的美容护理，可以使他们看上去年轻好几岁。

　　李璐羽是上海戏剧学院造型化妆专业科班出身的，她认为自己就是工作室最宝贵的财富。这个行业一半靠专业，一半还要靠好的感觉。扎实专业的美容、化妆、造型设计技术和丰富的行业经验，都是工作室必须具备的基本条件。时尚男士们的眼界可高呢，糊弄不了他们。

　　说到投资回报率，李璐羽预测：3个月左右会达到收支平衡。这样预测的依据是目前美容行业不低于30％的利润率，而且顾客大多是白领男士，估算工作室每个月的营业额可达到三四万元，扣除一定数量的税金、费用之后，3个月后盈利应该不算太难。

小店前景分析

　　业内人士分析认为，由于男士美容意识的觉醒，越来越多的男性加入美容消费中来，对于商家而言，男性美容市场就像一个有待开发的金矿，蕴藏着无限商机。商家应该从男性消费心理及消费特点入手，积极开发针对性产品，完善配套服务，满足男士美容时尚的需求。

相对于女性美容来说，目前男士美容产品品种较少，仅限于少数商场有销售，大多数零售店缺乏男士化妆品，即使有也只有洗面奶、面霜等极少数品种，至于专业美容院则更是凤毛麟角。事实上，男性除了在防晒、收缩毛孔、祛痘消炎、滋润抗皱、运动护理等功能上有很大的需求外，对面部、眼部、手部、足部等身体不同部位的护理需求同样很大。

中国的男士美容市场无论是从市场容量还是目前的实际情形看，都很像10年前的女性美容市场，还存在着巨大的发展空间。有关资料显示，在欧美国家，男士护理用品的市场份额已占到整个化妆品市场的30%以上。近年来，法国有约4成男人使用高档护肤品，有1/3的男人在美容方面投资。英国男性每年化妆品的消费额达1亿英镑，美国男士化妆品年消费额高达23亿美元。而中国男士化妆品的市场才刚刚起步，是一个非常具有潜力的巨大市场。

时尚数码美甲店赚大钱

爱美是女人的天性，女孩子单有一双玉手还不够，那漂亮的指甲上若绘上各种美丽的图案，方寸间的妩媚则能带来风情万种。

江苏南京的陈晨是众多美甲师中的一位。起初她只是出于爱美与好奇，将自己的手指与脚趾装扮得漂漂亮亮，后来她发现若开一家美甲店不仅可以装扮自己，而且还可以赚钱。但机灵的她同时也意识到，如果开一家和别人一样的美甲店，很可能会因为市场竞争太激烈而被淘汰。

2006 年 10 月，她发现市面上出现了一种多功能数码美甲机，可以将图片印制在鲜花、手机、饰品、MP3、鸡蛋等上面，完全超出了传统的美甲范畴。早有准备的她不失时机地开始了她的创业计划，她将店址选在南京新街口一个 7 平方米的店面，连店面装修一共花掉 1 万多元。由于店面与白领聚集的商务写字楼、中医学院、实验中学、电影学院及旅游学校相邻，陈晨的会员制小店一下子就吸引了大量的学生，并成为她的主力客户，使她顺利地赚到了第一桶金。

虽然创业时间不长，陈晨却为自己的创业总结了几点经验：一是要看准市场潮流，二是要结合自己的经济实力，三是要有周密的工作计划，四是要把握好市场主动出击。

🎈 小店前景分析

如今，数码美甲吸引了很多爱美的"新新人类"。这种数码美甲使用数码美甲机，只需要短短 5 分钟，便能在一只手的 5 个指甲上绘出精美的图案。一台数码美甲机里面备有近千个图案可供选择，包括卡通、脸谱、明星、星座、花卉及风景画等。如果顾客不满意现有的图案，还可以将自己扫描或者拍好的相片、图案存进数码美甲机的电脑内，甚至可以把自己的照片一并弄上去，绝对做到独一无二。

开一家数码美甲店的模式大致有两种。一种是加盟，这种模式要缴纳不菲的加盟费，由加盟店配送设备与耗材，省事不省钱；第二种是自己配置设备，可以节省几千元的费用。如果自己已有电脑，买数码美甲机及耗材等的费用只要 5000 ~ 8000 元就够了，初期投资要尽量少一点儿，以减轻经营压力。

由于美甲店主要针对的客户群体是中、高收入阶层，因此最好把店址选择在人流量较大的闹市区，或者环境优雅的购物中心、酒店或者高档住宅区。一般来说，数码美甲店不需要专门的临街房，可以向商场、购物中心等租一小块经营面积，安置自己的美甲工作台即可。数码美甲店虽然不要求店面面积，但是一定要有特色和自己的风格。店铺设计要温馨、舒适而不失前卫，要从装修风格、布局和服务上都体现自己对时尚的把握和对客人的关怀。

开业后的美甲店需要一些必要的宣传，比较经济的做法是制作、印刷精美的传单，在附近的小区投放，或以发展会员、发行优惠券等方式吸引顾客。只要有了第一批客人，就会带来更多的客户。

创业有成功也有失败，美甲行业的竞争本来就比较激烈，因此服务质量是十分重要的，要采用各种手段留住顾客。由于时代

就想开一家自己的小店
又赚钱

的进步，美甲已不仅仅是女人的专利，因此也可以标新立异，开拓男士美甲市场等。

总之，选择数码美甲创业前景十分广阔，其营销的手段也是千变万化的，关键还是要靠自己把握市场，结合本地实际，不断开拓新局面。

开一家专业牙齿整形诊所

当人们意识到拥有一口白净的牙齿和拥有一副苗条的身材、一张光洁的面容同等重要时，一个细分的消费市场就出现了。对于许多追求时尚的消费者——其中包括年轻人和中老年人——来说，一口黄牙是留在脸上的另一个缺陷。

小店成功案例

刘医生和他的两个牙医朋友投资开了一间牙科诊所。在开诊所之初，这三位在医院里打了半辈子工的老实人对牙齿美容市场并没有太多的认识，是应接不暇的顾客引导着他们的市场眼光。

开牙科诊所，资质当然是排在首位的硬件。在医院里摸爬滚打了大半辈子的老牙医开设牙科诊所，资质自然没的说，于是离职的刘医生和一位退休牙医，以及一位在职的牙医，三个人各出资 7 万元开了这间牙科诊所。开业第一个月亏损，第二个月持平，第三个月正赶上春节，顾客盈门，平均一天要不停手地做 10 多个小时。刘医生说，现在洗牙的顾客里不但年轻人多，老年人也多，爱美是不分年龄的。

虽然洗牙的顾客让刘医生他们应接不暇，但镶牙、补牙的顾客也很多。在镶牙、补牙的顾客中，有近 3 成是港澳和海外人士。刘医生说，由于境外看牙科的收费比境内高许多，镶一颗牙，香港的收费是内地收费的 3 ～ 4 倍，美国则是其 8 ～ 10 倍，所以一些港澳和海外人士也都趁着回广州探亲等机会来做牙齿护理。

牙科诊所要想顾客盈门，一要服务好，二要收费低。服务好不仅是医术好、服务态度好，而且要设备好，一张好的牙科治疗床可以起到事半功倍的效果。刘医生举例说，牙床上磨牙用的车嘴，每分钟转速在 1 万转以上，低档的牙嘴震动大，会增加病人的痛苦，而高级牙床机械速度稳定，震动小，顾客感觉好，对诊所的信任度就会高。刘医生说，他们用的就是从国外进口的牙床，虽然这些牙床比国产的要贵。

价格从来都是打开市场最快速的营销手法。刘医生说，私人诊所的管理费用和成本都低于大医院，只要保持一个合理的利润空间，收费宁低不高。举例说，镶一颗牙大医院收费是 380 元，他们收费是 300 元，比大医院便宜 80 元；补牙收 40 元，比大医院便宜 10 元；大医院的专家门诊收费是 15 元，他们的收费是 7元。刘医生说，收费低、医术好、设备先进再加上服务好，诊所

就想开一家自己的小店
又赚钱

就打开了自己的市场空间。

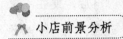

目前，私人开设牙科诊所已经放开，但从业者还是要有相关职称或者从业资格证明，然后便可以在工商部门、卫生部门办理相关手续。

牙科生意一般投资回收期最长的不会超过 5 年。目前，设备先进、医生素质高的私人诊所并不多，市场正处在发育期。开牙科诊所主要是设备投资，牙科治疗床又占大头。一般来说，一间牙科诊所要有两张牙床，一张牙床要配一位医生和一位护士，因此如果创业者自己是牙医，只要请两个护士就可以了，经营成本并不高。此外，在镶牙和洗牙的营业收入中，由于假牙等外包加工费用占了镶牙费用的1/3，所以虽然看上去镶牙收费高一些，但洗牙为诊所带来的纯利润更高。

开一家水晶美牙屋

水晶牙饰已经风靡欧美等地，掀起了一波"水晶美牙热"。在热潮涌来时，如果你能抓住这个时机，说不定就能轻轻松松赚大钱。

张小琴是学医的，当她从河南安阳南下广州后，便在一家牙科诊所里干上了。她说，这就叫专业对口。这里只有一个老牙医，张小琴的主要工作就是协助他。慢慢地，张小琴也可以单独给人做洗牙、贴面等工作了。

2003年6月的一天，张小琴在报纸上看到消息：欧美掀起"水晶美牙热"，这股热潮现在已经波及上海、北京。

张小琴为之心动：广州也是时尚的前沿，哪儿能没有牙饰店呢？想到就行动，她立刻给那则消息的责任编辑打了电话，热心的女编辑说："好啊，我可以给你提供些具体的数字，你先了解一下这个行业。"听着听着，张小琴的心急速跳动起来，她看到了希望。

张小琴取出全部积蓄5万元，租了间闹市边上的门面房。然后她去上海进了一批水晶牙饰和黏合剂，又买了相关的洗牙设备和器械。

开业那天，室内那些闪闪发光的牙饰晃花了看稀奇的女孩们的眼，但是谁也不敢去尝试。下午1点，进来了一位姑娘，其实她是张小琴事先安排好的。张小琴知道，只要有人迈出第一步，就会有更多的人愿意尝试。她把那些远远观望的顾客都请到操作台边，决定当着大家的面露一手。

张小琴先将顾客需要镶嵌的牙面酸蚀一分钟后吹干，然后在酸蚀过的牙面上涂上黏合剂，点一小滴流动树脂在黏合剂上，把牙饰放在流动的树脂上，轻轻压实，树脂稍稍包住牙饰边缘，再从边缘各面光照 30 秒。不到一刻钟，张小琴就完成了一粒简恩蓝色牙饰的镶嵌。果然，当朋友起身对众人粲然一笑时，所有的人都"哇"了一声："好靓哇！"

开业当天下午，除了张小琴请的那个朋友系免费之外，共做了 7 个人，其中有 2 颗 300 元的，5 颗 80 元的，除去成本，张小琴赚了 260 元。

当天晚上，张小琴又打起了小算盘：这个市场很有潜力，很快就会在时尚女性中流行，但牙饰店只有一个人肯定不行，到哪里去找一个牙医助手呢？

天亮后，她便给同学陈艳打了电话，陈艳正在河南一家私人诊所里打工。张小琴问道："你现在多少钱一个月？"

"800 元啊，怎么了？"

"我开了间牙饰店，缺少人手，你过来吧，月薪 2000 元。"

第三天陈艳就从河南赶到了广州，她也顾不得休息，连夜熟悉那些器械，揣摩张小琴记录的操作心得。好在两人本身都是学医的，交流起来就容易多了。

牙饰店的出现引来很多爱美女子，但张小琴对要装牙饰的顾客也不都是有求必应的。

有一天，店里进来一对情侣，女孩很刁蛮的样子，一进门就说："老板，我要镶最好的那一种。"

张小琴检查后发现女孩患有牙周炎，便说："小姐，你正患有轻度牙周炎，不宜进行酸蚀处理，等牙周炎完全康复了，我们会为你提供最完善的服务。"

女孩听了很不高兴。张小琴又说："我真的是为你的健康着想，这里有一份装牙的注意事项，你先拿回去看看，好吗？"

女孩很不情愿地接过资料。

张小琴看着不解的陈艳说："别忘了，我们首先是医生。不能让她的牙齿美是美了，却因此患上其他牙科疾病。"

在为顾客检查口腔的过程中，张小琴发现很多人的牙齿都有这样或那样的毛病，便决定在服务项目上拓宽思路，开展洗牙、镶牙服务。这项业务的开通，又给牙饰店带来了不少的收入。因为听了张小琴的解说后，大多数顾客会选择先洗牙后装牙饰。这样一来，牙饰店的业务就成了洗牙、镶牙、装牙饰一条龙了。

这天，一个在夜总会领舞的黑人女孩来到牙饰店。她一直兴奋地说，在高高的舞台上，若洁白的牙齿上能光芒四射，那太性感了！她要求装 3 颗牙饰，精钻色、景绿色、彩粉色各一颗。她还激动地对张小琴说："你们能想象得出台下的观众被我灿烂的微笑诱惑得要眩晕的样子吧！"跟着，她做了 3 个艳舞的动作，把张小琴逗笑了。

针对黑人唇齿偏大的特点和她张扬的个性，张小琴给她选了 3 粒直径为 2.5mm 的水晶牙饰。当黑人舞女从操作台上坐起来后，她夸张地对着镜子里的自己亲了一下："太漂亮了，我喜欢！"

以后，便不断有外国女郎到店里来，有不少是那个黑人女郎介绍来的。她们都赞赏张小琴的手艺，说她做得又快又好。

又一个月过去了，张小琴算了笔账，除去陈艳工资及其他开支，净赚 15000 多元，张小琴暗暗庆幸自己选对了创业项目。

2003 年国庆节的前一天下午，一个姓高的小姐打来电话，说她马上要跟随老总去北京开会，老总责令她在动身前一定要把牙齿上那闪闪发光的东西取下来，因为他们要见的是一个非常传统的客户。高小姐说她 1 小时后就要去机场，而此刻她在公司等一份资料，想要张小琴提供上门服务。

见到高小姐时，她都快急哭了。取下牙饰只用了 3 分钟，高小姐付给张小琴 200 元，说一部分是上门服务费，另一部分是对她服务的奖励。

张小琴婉拒了："为顾客取下牙饰是不收费用的，现在加收 50 元钱的来回的士费就够了。"

高小姐连连说，这么好的服务，她一定会多介绍些朋友来。

张小琴的牙饰店就是在这样的口口相传中越来越火的，在此前她没有打过任何广告。

后来，张小琴为了扩大影响决定印制名片，在人流量大的地方散发。每次在为顾客做完牙饰后，张小琴还会发给她们一份资料，介绍如何做好牙齿护理和饰品保养，虽然全是一些细微的生活小节，但字里行间却充满了对客户的关爱。

这一招儿效果非常好，让更多的人找到了那间并不显眼的牙饰店。

在美齿问题上，男女也平等。

一天上午，一个非常帅气的男孩走进牙饰店，要求在门牙右侧第二颗牙上装两粒简恩蓝和红色的牙饰！

张小琴愣了半天，男孩问："怎么，没有货吗？"

"不、不！"张小琴回过神来，她把自己的思维定在了女性身上，却忘记了男孩也爱美，也追求时尚的。

男孩是做 DJ 工作的，喜欢一切新鲜事物。

张小琴告诉他，说他是她们店里第一个装牙饰的男孩。

男孩哈哈笑了："看来，我是走在时尚的前头啊！"

2004 年年底，张小琴的店里又招进一个男助理，因为张小琴相信，男孩也向往灿烂的笑容。

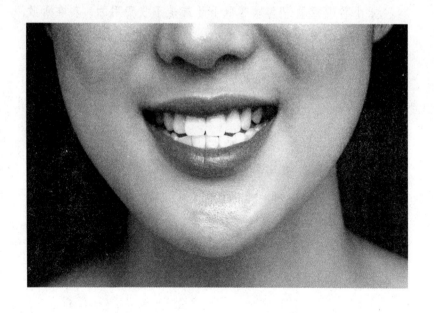

就想开一家自己的小店
又赚钱

对于张小琴来说，在打造这份美丽的事业时，收获的不仅仅是一张张美丽的笑脸，还有一大笔财富。

小店前景分析

现在走在街头，如果有人冲你龇牙一笑时，牙齿上闪着亮光，你千万别惊讶，这就是牙齿美容中最流行的水晶牙饰。水晶牙饰一经推出就受到年轻一代的青睐，他们觉得可以展现个性，突出自我，而对于事业有成的人来说则增加了一种自信和魅力。这种牙饰是从瑞士进口的，看起来像一颗小小的圆形钻石，但其实是一种高级玻璃物质，取材于天然水晶，有透明、红、蓝等颜色，直径在 1.8 ~ 2.5 毫米，可以镶嵌在牙齿表面。由于只在牙釉质层面进行操作，因此不会伤害牙齿。戴一段时间后，如果感觉腻了，可以摘下来保存，想戴时可再镶上。由于是进口货，价格不菲。

开一家牙饰店，只需租用一间 10 平方米左右的门面。相关的镶牙、洗牙设备和器械需 1 万元左右。购置一部分水晶牙饰、黏合剂，需花费 3000 元。

装水晶牙饰和洗牙、补牙等一样，要求有一个清洁过程，使用的器械、黏合剂是否消毒无菌至关重要。对于有明显口腔疾病的人，建议其先治疗以后再来做牙饰，以免产生纠纷。如果能聘请到专业的牙科医生则更好，可以同时开展洗牙、镶牙和矫正牙齿等业务。

白领化妆店，月赚近 2 万元

写字楼里体面的白领生活中常常会出现以下状况：你午饭后拿起化妆包直奔洗手间补妆，在同一时间、同一洗手间常常能碰到若干和自己一样赶来补妆的同事。甚至到了下班临走前，要去的地方还是洗手间，因为晚上的约会、与客户联络感情等都马虎不得。在写字楼里，人人都"有头有脸"，没有谁敢把自己的形象问题随意处置。但是这样一来就要花大量的时间打理自己，二来大家都挤在狭小的洗手间里，难免会影响"水平发挥"。

这正是很多在写字楼里工作的白领所遇到的尴尬境况。在洗手间里化妆，已经成了大家约定俗成的事儿，但即使是在卫生条件很好的公共洗手间里化妆，也会有一种异样的感觉。化妆成了最为困扰白领人士的难题，如果能够开一家白领化妆店，无疑是有市场前景的。

🎁 小店成功案例

在福州琯尾街、洋下新村一带有许多化妆小店，生意十分火爆。据了解，这些化妆小店，即是专门为年轻女性特别是白领们

就想开一家自己的小店
又赚钱

提供梳头、化妆服务的店铺。每次顾客只需花上 10 元钱，就可以将化妆的工作交由店内的化妆师来完成。

早上 7 点 30 分到 9 点，晚上 6 点到 9 点，是街头化妆店里生意的高峰期，小店内往往会聚集不少女孩等着化妆。据店里的一位常客李小姐说，她是一家日资企业的前台文员，公司要求女性职员每天都要化淡妆，所以她会每天早上 8 点来到化妆店，一个普通的生活妆在化妆师的巧手下只需要 15 分钟左右便可以完成，刚好赶得及上班。

街头化妆店是一种全新的服务业态，无论是服务内容，还是营运模式，均不同于传统意义上的化妆品店或美容院。它的主要服务对象是年轻女性，其主要服务内容就是每天为女性顾客提供化妆服务，收费也很容易让人接受，比如面部的职业妆、闪亮妆 10 元一次，梳头 5 元一次，美甲 10 元一次等。以时下白领女性的收入水平，每月百余元的化妆支出完全可以接受。也难怪街头化妆店似雨后春笋般一家家接连开张，仅一条琯尾街，就能找到四五家提供化妆的店铺，老板大多是 20 岁出头的年轻一族，有男有女，自己兼做化妆师。

在洋下新村有一家名叫"妆点时尚"的化妆店，据这里的化妆师介绍，她来自古田，这家店是她与姐妹合开的，经营了 4 个多月，生意不错。除了每月 1000 多元的店租外，每个人还能分红 3000 元上下。临近年末和特殊的节日，化妆店的生意应该会更好。

这些街头化妆店里的化妆师虽然没经过专业学校的培训，仅在一些较大的婚纱影楼里边看边学过，可化起妆来却是又快又好。据一名化妆师说，以前没有这一行业，她们只能在影楼里打下手，不仅收入微薄，还得看老板脸色。现在她们几个姐妹从家里筹了点钱，合开这样一家店，不但有了自己的小事业，有时还能给家里寄点钱。所以，很多化妆师都说，街头化妆店不但解决了她们这些低学历人群的就业问题，更让她们正正当当淘到了属于自己的第一桶金。

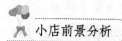

小店前景分析

化妆店当然要购买一批针对白领女性的不同品牌和定位的中、高档彩妆和保养品，并参照本地美容、美发的常规价格制定价格。此外，为了吸引稳定的客源，还可以制定出"日常妆容购卡包月优惠"的价格策略。对于那些自带化妆品的顾客，则更可享受优惠。

这种化妆店里的客流高峰期主要集中在早晨7：30～9：00、中午12：00～2：00、傍晚5：00～7：00三个时间段，这恰好与其他发廊、美容院的客流时间段相反。根据这种情况，还可以找两个美容技师，高峰时段来店里做兼职，按所完成的工作量计算工资。这样，人手问题也就迎刃而解了。

由于这种店很大一部分都是在做熟客的生意，所以可以为她们办包月卡，一般一个月售出二三十张包月卡不成问题，而且还

就想开一家自己的小店
又赚钱

会有相当数量的散客。

白领化妆店的选址最好是在高尚写字楼附近，或白领、中产阶层相对集中的住宅区附近。店面装修不求华丽，但求个性鲜明，招牌显眼，能让人过目不忘。因为服务周期具有持续性，所服务人群又多互相认识，所以尤其需要注意口碑效应。好的服务质量和态度能留住熟客，并能通过她们介绍新客。但稍有疏忽，可能就一传十，十传百，不但失去了回头客，连潜在客源都可能被截断。对于熟客，要留心不同客户的性格特征、着装习惯和化妆特点，当她们要出席某些特定场合时，可以提出最合适的化妆建议，这会让她们觉得你的服务很贴心。

亲近自然的绿色化妆品店

如今，"返璞归真"正成为人们追求的时尚，以纯天然植物成分为主的绿色化妆品因此成为潮流。开家绿色化妆品专卖店，将是一个不错的选择。

🎁 小店成功案例

自然、健康的养生、美容理念是现代都市人对生活品质的追求，绿色化妆品专卖店就是紧紧抓住"绿色、自然、健康"这个理念，以"绿色"为经营特色的化妆品专卖店。专卖店所销售的每一款化妆品、个人护理用品都是从水果、蔬菜等植物中萃取的天然元素精制而成的，不含人造防腐剂、人造香精等，能更好地保证顾客使用的安全性。

王女士抓住了这个很好的商机，开了一家绿色化妆品专卖店，自开店以来生意就非常红火。

在王女士的化妆品专卖店中，每名销售人员都要经过专业的培训，熟练掌握皮肤护理及化妆品使用知识。工作人员会通过专业的"数字化果蔬皮肤测试分析系统"为每一位客人进行免费的皮肤检测，然后由计算机计算人体皮肤所需的美容元素，如维生素、不饱和脂肪酸、纤维素、微量元素等，给顾客提供一个以水果蔬菜为主要原料进行护理的美容方案，并且依据测试结果给顾客推荐使用相应的绿色果蔬化妆品或个人护理用品。

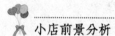 小店前景分析

开一家"绿色化妆品专卖店"总投资含房屋租金、装修费、加盟费、办公设备费、首期购货资金等。门店需在繁华的商业区或中、高档生活小区，面积以 10 ~ 20 平方米为宜。这种专卖店由于特色化的产品，以及区别于传统化妆品专卖店的销售模式，利润一般要比普通的专卖店或个人护理用品商店高 15% ~ 30%。

就想开一家自己的小店
又赚钱

开一家毕业生形象设计店

形象包装设计已经成为现代大学生就业前的一种时尚，开家毕业生形象包装设计店可谓顺应了时代潮流，商机无限。

 **小店成功案例**

随着社会的发展，用人单位对招聘人员的要求越来越高，加上大学毕业生的总体就业形势非常严峻，对于只有一纸文凭而缺乏实际工作经验的大学毕业生而言，要想在如此激烈的人才市场竞争中打败竞争对手而谋取一份理想职业实属不易。因此，每一位大学毕业生在求职前把自己精心包装一下以增强竞争能力是至关重要的一环。而开一家大学毕业生形象包装设计店，为大学生塑造一个良好的求职形象，非常适合大学毕业生的需要。

胡先生看准了这个商机，开了一家毕业生形象设计店，专门赚取求职"包装费"。目前，他的月收入为 5000 ~ 6000 元，收入非常可观。

胡先生所开的毕业生形象设计店，业务主要包括以下几个方面。

一是仪态包装，主要是美容和发型设计。主要根据毕业生的性别、年龄和打算去应聘的职业性质设计出相应的形象，以显示出当代大学生的精神风貌和气质特征。

二是衣着包装。衣着包装是一种形象策划，而不是出售服装，服装设计的大小、款式、颜色等都要具体人具体分析。

三是自荐材料包装。一般情况下，用人单位在招聘人才时，除了对应试者面试之外，最主要的是从应试者的推荐材料中了解其人。因此，能设计出一份精美而充实的自荐材料是大学生成功就业迈出的第一步。自荐材料设计包括对材料的封面、目录、求职信、个人简历与专业介绍等的设计打印，也包括对各种证件、证书和发表的文章等原件的复印。毕业生只需要把原件交给设计员，设计员就会非常熟练地为其设计出一份精美的自荐材料。

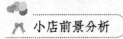

小店前景分析

毕业生形象设计店选址宜在大学校园内、多所高校接合部或人才市场中心附近。从业人员需懂电脑，会理发美容并有一定的服装欣赏水平。经营场所需30平方米左右的门面，内设一台电脑、打印机和复印机，以及一部电话、一套美发工具。

毕业生形象设计店实际上可以经营为"四季店"，淡旺两季可以改头换面交替使用，淡季可以理发、打字、复印等，而在每年大学生毕业找工作的时候又可以转为形象包装设计，一举两得。

就想开一家自己的小店
又赚钱

足疗保健店也能做大做强

近年来，各地大型的足疗保健休闲场馆如雨后春笋般出现，也进一步引导了现代人的休闲、消费，使足疗保健真正发展成一个全新的休闲行业。

🎁 **小店成功案例**

1996年，年轻的张崇英被分配到咸阳市渭城区周陵镇卫生院工作。到1998年，面对着一个月300元的微薄收入，再加上单位遭遇困境，她离开了岗位，开始走上了艰难的创业之路。

回家后，她除了自费在医学院深造中医专业外，还积极寻找发展的机遇。1999年，一次偶然的机会，她结识了一位中医医师，受其指点，开始学习中医理论，苦练足疗实用技术。学到技术后，她没有资金，就背着足疗用品为客人上门服务。随着人们对足疗的认可和观念的转变，做足疗的人越来越多，有人建议她开个足疗店。2000年2月，经过半个月的准备，她用手里仅有的350元钱租了一个简单的门面，算是有了一个属于自己的足疗店。

足疗店开张了，顾客少却是一大难题。她便坚持上门为顾客服务，热情周到的服务和精湛的技艺，使她赢得了众人的称赞，新老顾客络绎不绝。到 2002 年年底,当咸阳市把推广足疗保健作为产业来抓时,张崇英所办的崇英足疗中心已开办了近 3 年。实践使她意识到,咸阳的足疗产业要实现大发展,就要树立足疗品牌的形象。

为了增强员工的服务意识,提高员工的服务技能,她每天晚上 12 点下班后,都要组织员工学习中医理论,手把手地传授足疗技艺,直到凌晨 3 点才休息。她开拓思路,在咸阳市开设了首家"男士专业护肤中心",设有肾部保养、背部推盐及拔火罐等 10 多个项目。她的店于 2004 年被评为"中国男士美容品牌店"。她率先创建了足疗行业独特的企业文化,提升了崇英足疗品牌的文化内涵,"以服务人的健康为本"来指导企业文化建设,以"知足常乐,健康人生"为宗旨,以"协作创新,敬业奉献"为理念,以"铸造健康,共创福祉"为准则,以"精湛技术,全程服务"为支点,将"崇英足疗"打造成面向全国、走向世界的品牌,全心全意地为每一位顾客提供周到的服务,她本人也被评为咸阳市劳动模范。

张崇英在事业成功后不忘回报社会,崇英足疗有限公司成立 8 年来,陆续安置城镇下岗职工和农村剩余劳动力 300 多名,先后为咸阳市、区及所属县、乡培训了 3000 多名人员,使他们学到了技能,掌握了致富本领。家住宝鸡千阳农村的冉小梅经崇英足疗店培训后,在外地开办了足疗店,并供两个弟弟完成了学业。

就想开一家自己的小店
又赚钱

小店前景分析

现代人快节奏的生活方式和激烈的竞争带来的工作压力无时无刻不在威胁人们的健康，人们需要释放压力，解除身心的疲劳；另一方面，随着物质生活的日益丰富，人们的现代休闲理念也更加成熟，对喧闹的、无益于身体健康的庸俗休闲方式越来越排斥，足疗保健作为健康的高品位的休闲方式正好迎合了现代人的消费需要。

足疗保健作为服务业中的一个休闲行业出现，也只有短短几年的时间。之前街头巷尾出现的"洗脚房""足疗店"，一方面由于条件差，技术不规范，经营规模小，甚至经营管理不规范，所以难成气候。另一方面，因消费理念不够成熟，社会认知度和认可度较低，即使有少数正规的足疗保健品牌店一直在致力于市场培育，但由于缺乏品牌的群体效应，也难以担负起推动行业发展的重任。

由于发展的时间短，缺乏统一的行业标准，足疗保健行业还不够成熟，现正处于行业上升阶段，但从投资的角度看，足疗保健行业目前则拥有大量的投资机会。成熟行业由于有成熟的行业标准和行业规范，再加上原有企业的根基深厚，因此投资门槛更高，竞争更激烈，利润更透明，很少有投资机会；刚出现的新奇特项目，由于缺乏成熟的市场认知，需要很长时间的市场培育，变数太多、太大，投资风险难以预测和控制，需谨慎进入。唯有处于快速上升阶段的行业，既具备了巨大的市场潜力，又形成了广泛的市场认知度，竞争也远没有成熟行业那么激烈，而利润空间更没有成熟行业那么透明，同时由于市场又近在眼前，无须培育和等待，几乎没有不确定的可变因素，因此处于快速上升阶段的行业才是最稳妥的投资选择方向。

由于足疗保健能很好地解除身心疲劳，释放生活和工作上的压力，所以是商务接待的最佳选择。从消费能力上看，足疗保健的消费群体主要是中、上阶层，较高的收入和高品位的生活方式使他们有能力频繁光顾高档的足疗保健场馆。

从年龄上看，足浴店的顾客基本在25~70岁，其中以40岁左右人群为主体。无论是在家庭里还是社会中，他们都属于中流砥柱，是最重要的角色。他们承载着家庭和社会双重的生活压力和工作压力，同时他们的人生积淀也最为丰富，需要高品位的休闲方式去释放压力。

从性别上看，以男性为主，女性为辅。由于他们的身份、地位，以及相对稳定的收入，使他们在选择休闲消费品时，更注重服务的品质。因此，足疗保健业应该始终坚持高质的经营策略，以高品质的服务获得高额的利润回报。

那么，怎么样才能开好一家足疗店呢？

首先，足疗店越高档生命力就越强。足浴店可分低、中、高档三类，高档足疗场所面积大，投资资金超过数百万元，因此其生命力较强，利润也较高；中档的足疗店，投资多在50万元左右，是目前为数最多的类型；小型足疗店不仅面积小、投资小，连所提供的服务也时常打折扣，往往在激烈竞争中最先出局。

足疗店的选址和美容院等类似，在大型居住小区、写字楼群间，以及人流密集的道路较为合适。足浴店多为包厢式的，两三人的小包、多人的大包一应俱全。经过几年的发展，足浴的"花头"越来越多，不仅可以选择中药足疗、日式足疗、牛奶足疗、香熏足疗、汉方足疗等不同疗效的项目，还有修脚等其他服务。有些考究的店铺，甚至还提供茶点、自助餐等配套餐饮服务。

从足疗店需要的资源配置看，首先需要的是足疗技师。据了解，目前足浴行业从业人员超过 2 万人，足疗技师的基本月收入为 2000 ~ 4000 元，且还有较高的提成，包吃包住，因此吸引了大批外来务工人员。但其中真正经过专业培训的足疗技师却不多，培训足疗技师的行内技师则更少。不过，足疗技师的技法直接影响了顾客的回头率，所以大型足浴店经常花费大量成本在员工培训上。足疗店另需管理、后勤人员若干名。设备配置中，除了必要的足浴桶、药材、足浴床，电视机、空调等休闲娱乐设施也需要。

目前，足疗行业发展呈现两大趋势：

首先，行业日益获得认同，消费者已将其作为休闲服务业接受，而不再像以前一样带着有色眼光评头论足。另一个趋势是，投资者看重其发展潜力，认为只要有专业的技艺、优质的服务，足疗的投资回报十分可观。

不过，足疗店与美容院的一个相似点：由于前几年的迅速发

展，行业也在经历重新洗牌的过程，投资人不可存有浑水摸鱼的侥幸心理，洗牌期的足浴行业对门外汉来说未必是进入的最佳时机。虽然足疗店对资本的要求并不高，但对投资人的经营定位、经营思路有诸多要求。

一般来说，足疗店的经营不存在明显的淡、旺季之分，不过相对来说周末、夜间等休息时间的生意比较繁忙。由于店面尚存在大小之分，选择哪个档次的店铺是投资人首先应当决定的，但不同类型也各存风险，没有一类是万无一失的。

就想开一家自己的小店
又赚钱

第五章

开一家宝宝用品店

——让爱心开出"花"来

娃娃澡堂，让宝宝们爱上洗澡

如今的家长都舍得为孩子花钱，希望换来对宝宝更好的呵护与照顾。开家娃娃澡堂，赚宝宝的钱也是一种不错的创业选择。

🎁 小店成功案例

2001 年，做了 6 年月嫂的张晓丽决定自己创业。她发现，如今为成年人提供洗浴保健按摩服务的店很多，但是为婴幼儿提供这项服务的店几乎没有。自己做了 6 年的月嫂，在这方面有一定的专长，何不就此做点文章？

张晓丽考察了当地的市场后，发现这还是一个不为人知的行业，于是决定开一家"娃娃澡堂"。为了稳妥，她决定找个小门面先试试。她租了一间 50 多平方米的店面。2001 年 9 月，"娃娃澡堂"在人们怀疑和好奇的眼光中开业了。

给孩子洗澡实际上是一门很深的学问，仅药物调理就大有名堂，得根据宝宝的不同情况，在洗澡水中加入用何首乌、蒲公英、银花藤等数十种普通中药以不同比例、火候煎制出来的药水。张晓丽把这些专业知识制作成宣传展板，让顾客清楚了解他们的行业水准。她又精心制作了宣传单，全方位地介绍了这个行业，然后印了 5000 份，雇人拿到街上去散发。这样一来，更多的人开始了解这家小店了。这种初期宣传无疑是很有用的，张晓丽"娃娃澡堂"的生意从此开始步入正轨。

很多父母都开始把小孩往张晓丽这里送，一来价格便宜，二来自己省事儿。局面终于打开了，她的店也开始有了微利。

有一天，张晓丽从一本书上看到，想要孩子健康成长一要营养，二要保健。而保健就是给婴幼儿做按摩。后来她还在网上了解到，国外很多发达国家现在都有了专门为婴幼儿按摩的按摩室。张晓丽心想，要是给宝宝们来个洗澡加按摩，自己店里的生意肯定会更加火爆。于是她决定把按摩正式纳入澡堂的经营范围，果然受到了广大家长的欢迎。

"娃娃澡堂"经营了一年后，受到了众多消费者的青睐，原来的洗澡堂就显得比较狭窄了，张晓丽决定扩大规模，并更名为"宝宝洗澡按摩店"。紧随其后，张晓丽出了一个奇招儿，那就是"观浴"。她在靠街面的方向装上了玻璃墙，让顾客可以观看娃娃洗澡。这样做，一是可以让父母安心，二是可以给自己做活广告。这一招儿还真灵，张晓丽的生意一下子就火了起来。

张晓丽"宝宝洗澡按摩店"的出现，也正好与医院形成了互补，因为全国各地到目前为止，还很少设立婴儿保健和疾病预防的专科，而张晓丽的洗澡、保健按摩可以治疗一些婴儿的常见病，这无疑打开了一个潜在的市场。至今，张晓丽的"宝宝洗澡按摩店"分店已经开了 5 家，张晓丽也已从一个身无分文的打工妹，成了拥有固定资产数百万元的老板了。

对于给婴幼儿洗澡，过去中国人的老传统是等孩子满月了才可以进行，可现在更多的年轻家长已经彻底改变了这个观念，小宝宝诞生后就开始了他们的洗澡旅程。鉴于此，如果有心创业者能够抓住这个商机，开一家婴幼儿洗澡堂肯定会实现自己的赚钱梦想。

开婴幼儿洗澡堂室内空间不需要特别大，但是也不能太小，一般面积在 35 平方米左右便可以了，所以开店的投资并不是特别大。

娃娃澡堂毕竟是开店行业中的新生事物，因此一定要在经营策略上多下功夫，只有经营得当，才会为你带来源源不断的财富。以下是几点针对店主的经营建议。

首先，开婴幼儿洗澡堂不同于开大人的洗澡堂，对于雇请的洗澡人员自身条件应有严格的要求，最好是有为婴幼儿洗澡、护理经验的专业人士，如果不是专业人士，则在上岗前必须进行专业的培训。

其次，在婴幼儿洗澡堂开业前就应印制一些宣传资料，并在开业前后大量向周边有需求的家庭派发，当然妇产医院、儿童医院是宣传资料派发的首选对象，如果宣传到位了，一旦婴幼儿洗澡堂开业自然就会有顾客找上门。

再次，婴幼儿澡堂中的用水一定要适合婴幼儿娇嫩的皮肤。澡堂内的温度及水的温度一定要合适，这是婴幼儿澡堂能否成功的一个关键因素。同时，为了能吸引家长，还可以在小宝宝洗完澡后提供护理服务。

妇婴用品店——准妈妈的购物天堂

开一家妇婴用品店，立足于为妈妈和孩子服务，只要经营得好，就不愁没有钱赚。

🎁 小店成功案例

华景路上都是成熟的社区，两边店铺林立，有超市、银行、饮食店、美容美发店、药店、洗衣店等。古女士的"今生宝贝妇婴用品店"就在这条路上。虽然小店里的装修不是特别讲究，却给人一种很温馨的感觉。100平方米大小的店铺中，除了10平方米左右的仓库、1平方米的试衣间外全部摆满了妇婴用品：孕妇和宝宝服装、奶粉、奶瓶、奶嘴、纸尿片、小孩的泳衣、泳裤、泳圈、婴儿车、婴儿床及配套床上用品、婴儿餐椅、清洗剂和洗衣液，还有玩具专区……

如今，开一家妇婴用品店若只有"尿片＋奶瓶"已经完全不能适应现代生活的需要了，宝宝们的产品正向着多功能、多样化的趋势发展。除了宝宝衣服、玩具、营养品外，尿湿提醒器、蹬被提醒器、防丢失提醒器等高科技安防产品也成了父母们的新宠。而妈妈们的孕后用品也越来越丰富，孕妇装做得越来越漂亮，有些还具有防辐射等附加功能。

在古女士看来，婴儿服装的利润空间最大，这一点大家都清楚。而奶粉等则没多大利润可言，主要是为了做齐品种，而且进货时都是几箱几箱的，经常压货。虽然可以用打折来促销，但不同产品的利润不同，打折时也是因产品而异，一般服装可以打8折左右，其他产品就不能有这么低的折扣了。

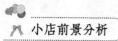

小店前景分析

从"再苦不能苦孩子"的角度出发，现在年轻的父母在孩子身上投入的人力、物力与财力则显得更加无怨无悔。虽然宝宝自己不能主动消费，但围绕一个小孩，有父母和其他直系亲属等至少8～12个具有购买能力的成人。而统计显示，目前新生儿的年消费在2000~5000元（不含食品），而且其消费的侧重点正在向专业化产品方面转移。

孕婴用品的消费主体（礼品除外）主要是为怀孕6～10个月的孕妇（准妈妈）和新生儿这两类特定消费群体准备的。她们具有活动不便、对安全性要求特别强等消费共性，更加看重交通便利与优雅的购物环境。在安全及品质的双重需求下，出现在家

就想开一家自己的小店
又赚钱

门口或者能提供社区服务的专营性品牌店无疑具有更强的消费吸引力。对于没有经验的投资者来说，不妨考虑加盟一些孕婴用品店。

一站式营销的儿童家具店

宜家（IKEA）的家居文化精神包含在产品开发和销售的点滴之中，这也是其最神秘的市场利器，令竞争对手始终难以超越。学习宜家的思路，开设家一站式营销的儿童家具店，就算只是学个皮毛，也将使你的店铺营销如虎添翼。

🎁 小店成功案例

近年来，百姓的居住条件不断改善，许多孩子都有了自己独立的房间。对于家中唯一的"小皇帝"或"小公主"，家长们总希望他们生活得更舒适。因此，在儿童居室的布置上，父母们往往投入很大。

其实这也难怪。以前在不少家庭中，小孩使用成人家具的现象十分普遍，家长并不愿意为子女购买合适的儿童家具，原因是随着孩子成长，儿童家具（比如小床、小衣柜）会像衣服一样迅速"变小"，无法再使用。但现如今，一方面，随着大家的生活水平迅速提高，家长们舍得为孩子各阶段的成长花钱；另一方面，家具生产厂商亦在市场上推出了可调整高度、长度的儿童家具，有效延长了使用寿命，使家长们得以放心地为子女挑选。由此，儿童家具逐渐受到消费者的青睐。一些颇具眼光的经营者就此捕捉到商机，把目光从重点经销成人家具转向儿童家具，乃至开办起了儿童家具专卖店。

郑州市的小罗就是这样一位有眼光的有心者。

在开儿童家具专卖店之前，小罗在市区开有一家非常普通的家具店，主要经营的是市场上常见的传统家具，款式总体不够新潮，且颜色较为单调，因此店面的生意只能用"一般"两字来形容。

某天，小罗在一家大型商厦购物，逛至5楼的家具专卖场时，他无意中发现里面竟有个小小的儿童家具区。那一套套精美、简洁、新颖的儿童家具，莫说让一些来此购物的家长与孩子喜欢不已，连小罗这么个行家也觉得开了眼界。

据商厦里的销售员介绍，他们每天都要接待不少儿童和家长。尽管儿童家具价格不低，但是现在的家长尤其是年轻父母，只要觉得对孩子的成长有利，还是舍得花钱的，所以销售情况甚好。

说者无意，听者有心。销售员的话当即给了小罗以启发：商厦开辟一块小小的儿童家具区，生意都能这么好，自己若能经营一家儿童家具专卖店，或许能使业绩大大改观。于是，小

就想开一家自己的小店
又赚钱

罗同一些原本有生意往来的家具厂商联系，开始专门营销起全新的儿童家具。

显然，与传统家具相比，儿童家具具有鲜艳的色彩、活泼的造型，突破了传统家具的老式和呆板，活跃了普通家庭的室内设计。例如，店内有一套儿童书架，分别采用了十二生肖动物的夸张造型，合理摆放，既是书架又是动物形态，既美化环境又培养孩子的读书兴趣。又如一张汽车造型的儿童床，采用世界名牌跑车法拉利红色经典款型，床帮是仿真汽车轮胎，床栏有亮闪闪的车灯、保险杠，置于室内，堪称点睛之笔。除了这样富有个性的单件式外，小罗的专卖店内还有组合式儿童家具，可组可拆，可连可叠，适合大小不同的儿童房间，也为儿童成长后的使用提供了较大空间。

在开业初期，小罗为了减少风险，聘请了经验丰富的木匠设计、制造儿童家具，并在颜色和款式上多下功夫，还根据顾客的要求上门定做儿童家具。

在引进经营产品时，小罗特别注意了家具的造型设计是否灵活多变。譬如色彩鲜艳的方块、三角、圆球等几何形体的家具，形象生动，线条简单，就很符合学龄前儿童的心理特点。而家具尺寸要与人体的高度相配合，儿童桌椅最好具有能按身高变化进行尺寸调整的功能。

可想而知，如此全新的经营项目很快就吸引了顾客的眼球，不少家长带着孩子慕名而来。小罗的店面生意日渐红火，走出了与以往不同的一条道路。

显然，由于目前市面上的家具店几乎都是大家具一统天下，鲜见儿童家具专卖店，因此小罗的家具店捷足先登，盈利也在情理之中。不过，虽然儿童家具的销售利润比传统成人家具高，但经营时仍要注意市场变化，迎合消费者心理。

小罗认为，经营儿童家具，除了在正式开店前先掌握市场行情，多到家具城做调查以了解儿童家具的主流款式外，关键是要能迎合儿童的消费心理。一般儿童最注重样式和颜色，因此要在这两方面多下功夫。同时，一定要保证儿童家具的质量和安全，不能以次充好。

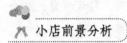 **小店前景分析**

想要开一家儿童家具店，第一，应在大量市场调研的基础上进行准确定位，是走高端品牌还是低端品牌的路线，引入具有明显特征的产品；在设计和管理上，要应用标准化思想，进行系统化设计，降低设计和生产成本；要以较少的零部件做出丰富的品种，满足各个儿童阶段的心理和生理需要，同时简化管理、生产和营销环节。综合实力强的企业可以生产种类较齐全的儿童家具，规模小、底子薄的企业可以生产专项产品并做精、做好，甚至可为综合性大厂提供专项配套产品。

第二，目前儿童家具市场发展两极化现象明显，即一方面质量好的产品价格偏高，另一方面价格低的产品在做工和款式方面达不到要求。这是可以持续发展的两块。首先，最关键的是要提

就想开一家自己的小店
又赚钱

高设计水平，提高产品的附加值；其次是降低生产和管理成本，采用先进的制造技术和管理方法，向自己要利润，同时凸显自己的产品的鲜明特色，实现差异化经营。

第三，要想把儿童家具店开得红火，还要投入大量人力和财力打造品牌，提升品牌的文化内涵，明确品牌的设计理念，通过产品、商标、包装、服务和强势的企业宣传，综合打造自己的品牌。未来的市场，没有品牌是很难生存的。不要只看眼前利益，看订单做不完，就忽略了宣传和内部技术提升。因为品牌的创立和维护非一日之功可为，需要积累和延续。

第四，在购买儿童用品时，大人指定品牌的情况占多数，但有60%的家长在购物时会征求孩子的意见后再做出决定，不过起决定性作用的还是家长。家长对广告投放量大的儿童用品有明显的记忆，在做购买决策时，首先会考虑到这些品牌，目前尚未发现不靠广告而只靠终端做得好就得到高知名度、美誉度的品牌。儿童家具生产企业目前规模普遍较小，经济实力很有限，因此也不宜将大量资金用于广告上，可以采用灵活多样的形式进行企业宣传，并逐步加强，并要考虑家具的特点，重要的是要突出产品的优势和特色。

第五，在行销方式上进行创新。目前市场上品牌系列化行销的不多，而且宣传促销手段相对于成人用品市场比较落后，方式比较单一，品牌意识不强，没有强调自己产品的特色，鱼目混珠。市场上儿童家具的品牌专卖店较少，已经开设的专卖店的布局、陈列、装潢也往往比较陈俗、老套，不能给家长和孩子一个赏心悦目的购物享受和参与机会，在这方面需要下大力气改变。其实还可以通过会员俱乐部、积分返点或赠服务等方式搞活营销，要善于借鉴其他行业成功的行销模式，吐故纳新，丰富营销手段，改善营销结果。

第六，是经营问题。儿童家具专卖店中经营种类应以儿童家具为主，以玩具、床上用品、灯具、挂件甚至文具盒等所有的配饰为辅的方式，实现所谓儿童用品的"一站式"购物。这在宜家（IKEA）和国外的儿童家具卖场已经是定式了。这就保证了带着孩子的家长当走入你的店中时，自然而然地就被你设计的样板房或提供的所有东西所吸引，从而知道孩子需要什么。孩子自己也会兴趣盎然地挑选自己喜欢的各种东西，如一个洋娃娃甚至是一支铅笔。

在这样的环境中不仅卖掉了家具，还顺带卖出了其他辅助商品，而且消费者还会认为你的经营很周到，富有人情味。

年轻妈妈开儿童时装店有高招

俗话说：孩子的钱最好赚，而孩子着装方面的钱尤为好赚。开一家儿童时装店无疑有着美好的"钱景"。

上海市的徐琳开儿童服装店算是一个偶然。一次，她的一个朋友说认识一个人准备转让位于七浦路的一家儿童服装店，问徐琳有没有兴趣接手。徐琳从来没有接触过服装生意，但听说是儿童服装，她就多了份兴趣。因为她平时最喜欢给女儿买衣服，每次去逛街时，只要看到好看的童装，都会忍不住买给女儿。于是徐琳动心了。店主开出的转让价格还算合理，但还有个附加要求，就是要把店里库存的一批儿童服装也一起转让给徐琳。徐琳看了看衣服，觉得还不错，问了价格，也觉得很便宜，于是没有任何的犹豫，很爽快地就把这家店和所有的衣服都盘了下来。

但是徐琳忽略了一个很重要的问题，那就是她是站在一个顾客的角度来衡量这批童装的价格，而不是一个经营童装的生意人。在她看来，原来的店主盘给她的童装已经比她平时买给女儿的衣服便宜了许多，所以她没有任何的怀疑和犹豫就买下了所有的衣服。

在徐琳的小店开张后，有个做服装的朋友才告诉她，她盘下的这些货根本不值这个价。徐琳在整个市场逛了一圈儿，再仔细盘算一下，才发觉刚开张的小店已经亏了2万元。可是徐琳并没有因此泄气，她跟自己说只当是吃了一次亏，买个教训。

徐琳小店的地理位置决定了小店最适合做批发生意，因为七浦路市场本身就是以批发为主，零售的生意太有限。但是，徐琳这个老板娘一不懂儿童服装，二不懂批发生意，所以她认识到要想办法找两个熟悉这行的人来帮她。于是，徐琳并不急于开始做生意，而是每天在市场里逛，物色合适的人选。总算功夫不负有心人，让她找到了两个40多岁的女营业员。她们在七浦路市场已经做了好几年了，对服装批发这块很熟悉，而且能很准确地分辨出前来光顾的顾客是想成批进货的客户，还是普通的零买几件衣服的顾客。

刚开张的时候，徐琳每天都守在店里，向两个营业员讨教经验，同时了解顾客的需求。之前盘店时买进的那批童装即使价格便宜一半也卖不出去。徐琳没有办法，只好开始联系服装生产厂家，重新进货。此前对服装行业一窍不通的徐琳只能将勤补拙，四处去联系厂家。从上海的近郊到江苏、浙江，甚至是青岛，徐琳前前后后跑了无数的地方。这一次，她学聪明了，懂得了货比三家，不但要比价格，还要比款式、做工。好在儿童服装不像成人服装一样每一季度都有最新的流行款式，相对要简单很多。徐琳所选择的衣服都是两岁到七八岁孩子的衣服。徐琳自己也是妈妈，她知道作为妈妈在给孩子挑选衣服的时候，除了要挑漂亮的，还要看面料和做工。面料不好，孩子穿着会不舒服，做工不好，孩子好动，衣服就容易坏。所以对于这些问题，徐琳都非常注意。

渐渐地，店铺有了几家比较固定的供货商。然后就是争取客户了。做批发不比做零售，不可能在短时间内积聚人气。同

就想开一家自己的小店
又赚钱

一家商场里，其他做童装批发生意的店，大多已做了近10年，已经有了比较固定的客户会定期来大批进货。做生意的人大都会认为生意做生不如做熟，彼此熟悉了谈起要求、价格来都比较方便而且有保障。新开的店，大批发客户一般不会来光顾。所以，对于偶然路过她小店的顾客，徐琳会要求两个营业员尽量为客人介绍仔细，要实事求是，因为她知道只有靠诚信才能慢慢积累客户。有些顾客这次来可能只批发几十件衣服，但下次可能就会来批发几百件或是几千件了，所以一定要给客人留下好印象。

为了寻找更多的客源，也为了多掌握一些经验，徐琳开始浏览各种有关批发生意的网站、论坛，跟同行交流心得，也跟客户保持联络。在网站上，徐琳为自己的小店起了一个温馨的名字，叫"妈妈的小屋"。徐琳自己就是个妈妈，所以她了解妈妈们的需要。

店铺很快开业满一年了，在这一年里，徐琳已经有了一些固定的客户，但是对于批发生意而言，这点时间还只能算是刚刚起步，所以生意量还是很有限。

另外，来零买的客户只是占营业额很小的一部分，相对每月固定的、数目不小的开支来说，就更是杯水车薪了。因为上海的七浦路市场已经做出了名气，人气一直很旺，所以房租就自然而然地跟着往上涨。徐琳的铺子不过十几平方米，每年的房租费、物业管理费，以及其他一些费用，总共却要花费7万元。

而做批发生意，每月的生意量都不固定。有的客户进了一批货，可能就要再过几个月才来光顾。所以徐琳一年的收入，平均到每个月最多只有几千元。但令人欣慰的是，徐琳在这一年中学到了服装店店主应有的经验，也吸取了足够多的教训，并积累了越来越多的客户。

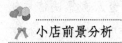

小店前景分析

儿童服饰与成人服饰相比，虽然单位售价在同一层次上悬殊较大，但是我们要看到一个事实，那就是一件衣服，成人能穿几年甚至十几年，但是孩子就不一样了，随着生活水平的不断提高，其成长速度也异常快。

根据有关统计，现在孩子的身高，较50年前平均增加了10厘米，生长速度平均增加了30%。这一事实就成为儿童服装生意中的重要参照系。

既然儿童服装店有着良好的经济前景，那么如何开好一家儿童时装店呢？

首先，你要明确店铺的定位。儿童服装也有高、中、低档之分，首先你要确定把自己的店铺归于哪一类，这也决定了你店铺的选址。如果你要卖中、低档次的儿童服装，建议开在邻近居民区的主要街道或者幼儿园、学校附近。如果你要卖中、高档次的儿童服装，建议开在店铺林立的步行街或者商业街中。另外，开儿童服装店铺也讲究扎堆，同行多的地方虽然竞争激烈，但是只

就想开一家自己的小店
又赚钱

要对自己的货物和价格有把握，由于客流量的稳定，肯定会赢得很多老客户的。

其次是在进货方面。如果你要经营品牌的儿童服装，可能在价格与利润上会受到限制，因为品牌服装虽然有品牌做后盾，但是也有一个价格透明度的问题，所以利润会很难提高。另外，品牌服装在新奇程度上也会打折扣，因为品牌服装的重复率太高了。最后，品牌服装的进货和加盟也有很多制约。面对一家强势的品牌服装供应商，进货的款式、尺寸、颜色等都是你不能完全做主的。

小店初开张，建议你还是多找一些外贸服装厂家进货。选择外贸儿童服装的原因主要有以下两点。

1. 价格便宜。外贸服装的质量都是不错的，并且出口商品的做工和款式都很新颖，又不会重复在国内出现。建议你不要进库存货，只要加工后的原单货，这样面料、做工、商标等都基本能达到出口水平。

2. 款式新颖。如果能拿到真正的原单货的话，那基本上每个款式都看外商定货量的大小，多到百件少到几件都有。这样能至少保证同一城市重复款式的概率下降，而购买者也就无从对比价格。

儿童玩具专卖店，巧赚童心钱

玩具伴随着儿童的成长而不断更新，因此儿童玩具消费需求相对稳定。开家儿童玩具消费店不失为一种稳健的创业选择。

🎁 **小店成功案例**

在开店做老板之前，张春暄是一名幼儿园老师。他很喜欢小孩子，而且在读大学的时候，就对儿童智力开发很感兴趣。2004年，张春暄索性辞掉了幼师的工作，选择卖儿童智力玩具。

在开业之前，张春暄去北京参加过智力玩具展览会，得知一些幼儿园都是从宁波的一个厂家进智力玩具，就到宁波去看了看，选了一些智力玩具回来卖。儿童智力玩具的价位比普通玩具要高一些，为了节省资金，又要保证客流量，张春暄就在铁东百世特超市二楼电梯口租下一家10平方米的小店面。一些逛超市的家长看到智力玩具都很感兴趣，再加上张春暄以前就有当幼师的经历，他推荐给顾客的智力玩具和图书很有针对性，渐渐地便取得了家长的信赖。店铺开张的第一个月，张春暄就挣了5000元。2005年，张春暄的小店也已运营半年多了，他便雇了一个员工，自己抽身出来为店铺发掘更大的成长空间。

就想开一家自己的小店
又赚钱

那时候，东北地区的大超市还不多，张春暄把智力玩具转向了沈阳、丹东、辽阳的大超市。他专门给超市配货，然后雇用员工在超市里卖。运营了一段时间觉察到情况并不好，进店费高，玩具破损很多，而且大型超市的结款也不是很及时。这些因素使经营成本大大增加，干了不到半年，张春暄就放弃了这种模式。

2006年5月，张春暄在景子街五楼租下一间300平方米的店面，开了一家儿童文娱城。他的文娱城里除了有一些大型的儿童玩具之外，还有一些儿童游乐装备，孩子们能够自己画画、做手工。有着之前的经验和资本，店里的生意很好。开业不久，店里的会员就达到了2000人。除了日常经营之外，张春暄还会不定期地请北京的专家、运营玩具品牌的商家，给会员做收费讲座，家长得到专家的指点，对如何教育孩子有很大的帮助。店里设置了玩具体验区，孩子们进店后，能够在体验区域里挑选自己喜爱的玩具。

2009年5月，张春暄开始做第二家店铺，现在，这家店铺的会员也达到了4000多人，年盈利达到20多万元。

小店前景分析

据统计，北京市16岁以下少年儿童人均年玩具消费额为656元，北京市16岁以下少年儿童约有180万。如此推算，仅北京市，儿童玩具市场规模就达12亿元，每年人均玩具消费200～1000元的为主体市场，约占50%；年消费在200元以下

的约占 25%。

调查数据显示，不同年龄段的儿童对于各种类型玩具的喜好
程度差别很大，总体来讲儿童最喜欢的玩具依次为：毛绒玩具、
遥控玩具、有声玩具、积木玩具、模型类玩具等。具体来讲，各
年龄段儿童最喜欢的玩具类型为：3 岁以下婴幼儿近半数最喜欢
有声玩具，4 成最喜欢毛绒玩具；各有接近半数的 4 ~ 6 岁儿童
最喜欢毛绒和电动遥控玩具；分别有近 4 成的 7 ~ 10 岁儿童最
喜欢毛绒和模型类玩具；11 ~ 13 岁儿童喜欢毛绒和电动遥控玩
具的比例也都在 50% 左右，远高于其他类型的玩具；14 ~ 16 岁
的少年最喜欢的是毛绒玩具，这一比例高达 7 成多。

就性别偏好来讲，男、女童之间差异也非常明显。7 成多的

就想开一家自己的小店
又赚钱

女孩最喜欢毛绒玩具，而只有不到两成的男孩子最喜欢毛绒玩具。男孩更偏爱电动遥控、变形类玩具和模型类玩具。除了最喜欢的玩具类型之外，最不喜欢的玩具类型为：有一半的男孩不喜欢毛绒玩具，而女孩的这一比率不到6%；同时，有近一半的女孩不喜欢变形类玩具。

据了解，目前各大、中城市里的消费者普遍可以接受的玩具价格大致在100元以下。然而，在不少大城市乃至一些中型城市里，高达1000元以上甚至1万元左右的新颖、高档玩具，同样有其市场。

开一家儿童玩具店并不像想象中那么简单，必须在产品和经营上都多下功夫。具体说来，开儿童玩具店要注意以下几个方面。

第一，开儿童玩具店要自己"爱玩儿"。俗话说，干一行爱一行，如果自己都不喜欢玩儿这些玩具，很难想象店主能熟悉自己的产品，也就不知道如何向顾客推荐好玩儿的玩具。再说，如果店主自己爱玩儿，也可以引起顾客的注意。

第二，产品要不断更新。玩具要玩出花样，就需要不断有新产品进来，这样不但能吸引新顾客，还能留住老顾客。

第三，产品要讲究新、奇、特。开儿童玩具店并非产品越多越好，应该要有所选择，尽量不要跟普通玩具店的产品雷同，多进一些市场冷门的好玩具，这样往往能给顾客带来意外的惊喜，让其毅然决定掏钱购买满足一时的欲望。新、奇、特是你的法宝，是你最大的招牌。

第四，推荐产品要有针对性。不同的顾客需求不同，掌握顾客的需求心理是成交的关键。对儿童我们要给他们推荐益智启迪类的产品，小孩子喜欢，大人也愿意掏钱，比如说城堡积木、七巧板、3D立体拼图等，产品既美观大方，价格也不高；对青少年可以推荐一些刚兴起的魔术类玩具、搞笑不伤人的玩具，因为青少年的好奇心特别强，也喜欢刺激，所以这些比较受欢迎；要是女孩子的话，尽量推荐一些造型美观、可爱又比较实用的玩具，像市场上的魔盒、功夫老鼠等都是女孩的首选，毕竟爱美是她们的天性。

为儿童理发，商机无限

现如今，专业的成人美发机构遍地都是，数不胜数，但是专门针对儿童理发的机构却极为罕见。专业儿童理发店市场蕴含着巨大的潜力。

🎁 小店成功案例

吴琼曾是一家公司的普通职员，那时她的苦恼之一就是给自己的宝宝剪发。到成人理发店给宝宝剪发，人多手杂不卫生，心里不情愿。可是花了好几百块钱从商场买了名牌儿童电推子在家自己剪，也没让这项每月必做的"功课"变得简单。每次剪发宝宝都像上刑般地号啕大哭，使劲与妈妈"肉搏"，头发理不出型不说，还弄得被汗水打湿的头发楂到处都是。

为什么就不能有一家专门针对小孩子开的理发店呢？吴琼心里便暗暗萌生了开店的想法，可是又不知道该从何下手。恰巧这时从美国回来探亲的朋友无意中聊起了当地一家很出名的儿童理发店，吴琼就用心地记下了，并迅速和那家儿童理发店联系"取经"。最终她下决心辞了工作，自己开了第一家儿童理发店。

在吴琼开的理发店里，进口弹子机、儿童学习机、天线宝宝玩偶、小驾驶器、玩具木马等儿童喜欢的玩具都在这里聚齐了。在真正剪发的地方，大镜子、理发箱"藏"在柔绿色的组合柜中间，电视、DVD机倒成了"主打"。这里也没有规规矩矩的理发椅，就像是游戏室的延伸，在某种程度上减轻了儿童理发时的恐惧心理。

在吴琼的店里，给宝宝剪个头发要收30元。有趣的是，这样的高价不仅没有吓跑顾客，反而引来不少"尝鲜"的家长。一年下来，很多家长都成了儿童理发店的铁杆支持者。

吴琼所选的店址是在一个居民收入中等的小区里，而且还跟幼儿园是邻居，占尽了地利。家长之间的聊天就给吴琼的店做了免费广告。会做"长线"的吴琼还顺势推出了会员卡和制作胎毛笔的附加业务，加速了投资的回笼速度。

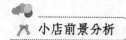

如何给儿童理发一向是父母最头疼的问题，当孩子该理发的时候，父母与孩子往往先是来一番争论，然后在父母的软硬兼施下孩子才忐忑不安地走进理发店，怯生生地坐在理发椅上等待理发师的修剪。也许理发师才拿出剪刀，孩子就已经从椅子上跳下来，挂着眼泪逃跑了。

儿童理发店的胜出，恰恰是抓住了儿童消费市场细分的商机，将潜在的市场需求变成了真正的创业机会，赚到了好点子带来的真金白银。

一家小型儿童理发店的营业面积应在30平方米左右，大规模的儿童理发店也可以在40～70平方米。

儿童理发店所需要的相关器材有儿童理发专业用具，如理发剪刀、毛刷、电推刀等。理发用座椅、儿童洗发产品、儿童洗头设备等。如规模较大还要配备相应的儿童娱乐设施，如儿童滑梯等。

开儿童理发店一定要比别的店在经营上多下功夫，下面我们为大家提供了一些经营建议。

1.可以增加相应的增值服务。儿童理发店服务对象主要是0～12岁的儿童，可以增加上门理发服务，并可配置如彩色水晶像、宝宝手足印制作等增值服务。

2.要严格注意每个环节的儿童安全问题。

3.可以针对儿童的专业服务进行延伸，游戏室的作用和功能

就想开一家自己的小店
又赚钱

也可以进一步放大。现在学前教育最讲究的就是寓教于乐，儿童理发店的游戏区不妨引进幼教机构专业人士"坐堂"，让孩子在等候剪发时能学点新东西，家长在孩子剪发时也不会白白浪费时间，能听些科学的育儿经，消除教育子女过程中的困惑。这样的相关服务，应该可以为儿童理发店赢得额外的收入和更多新顾客的青睐。

儿童影楼，童趣珍藏地

童年是一去不复返的快乐时光，而家长们都乐意花上几百元甚至几千元，为自己孩子的童年留下珍贵的影像记录。儿童影楼的生意便可应运而生了。

🎁 小店成功案例

小宝贝们在专业引导阿姨的呵护下，或憨态可掬，或欢呼雀跃，一旁的专业摄影师则不停地按动快门，留下宝贝最美、最可爱的瞬间。现在越来越多的父母都愿意以此种方式记录下孩子成长的足迹，留下宝贝纯真的童颜。

熊先生之所以开儿童创意摄影店，源于熊先生喜得贵子。儿子出生后，老婆在家休息没事儿干，他就想开一家店来打发时间。由于老婆是摄影记者出身，而自己是学美术的，开儿童创意摄影店的想法，两个人一拍即合。

开店之前，熊先生做过充分的市场调查。他了解到，当前市场上的摄影店，无论是成人的婚纱摄影，还是儿童摄影，从拍摄、收费到运营，大多是模式化的管理。儿童摄影更是如出一辙，几乎所有的儿童摄影店，都只拍内景。熊先生了解到，家长普遍反映，从不同的儿童摄影店拍摄出来的照片，均是千篇一律没有创意。

此外，儿童摄影的收费也存在很多猫腻。有人称儿童摄影是"温柔一刀"，市面上一些高端的儿童摄影店，一次就要收费几千元。目前，市面上的摄影店，利润大部分都是来自冲洗照片和制作相册，而前期拍摄则声称是免费的。

由于节省有方，熊先生开一家20平方米的门店的投入只用了2万元，包括3500元的铺租，3000元的装修，以及其他必要的电脑和用于摆设展示的商品费用。用于摆设的儿童纪念品，均是从某批发市场买来的，价格非常便宜，而且每样只拿一个，让顾客感到独一无二。

在装修上，由于摄影店的前身是一家画廊，熊先生就尽量保持画廊的装饰，用一些颇有创意的儿童宣传画掩盖原来的墙壁。当下，市面上的儿童摄影店都是集摄影棚与展示门店于一体，开这样一家摄影店，就要耗费巨资去购买设备，同时还要雇请专业摄影师和助手，花费大量的人力、物力。而熊先生则将摄影棚与

就想开一家自己的小店
又赚钱

门店分开，每个门店只用于展示和推广，摄影棚则转移到后台。

目前，摄影棚就藏身于门店上面的写字楼上，熊先生戏称其为"空中楼阁"。摄影棚设在写字楼里面，除了节约成本，还能制作一种魔幻世界的感觉。这样，节省了投入的成本，摄影棚的规模就可以逐步扩大，而加盟者只需要开门店接单即可，这种模式适合小本创业的人加盟。未来，他们计划利用写字楼里摄影棚外的一片空地制造外景，所有的设计，都是由摄影师完成。

熊先生采取了分段的独立收费，即拍摄费、后期制作费、相册费等各项费用分开收取。拍摄费是 300～500 元 / 小时，视拍摄难度和摄影师的专业水平高低而定。这样下来，顾客的平均消费就只有 1000 元左右，远远低于市场价。

针对不同顾客的不同需求，他们还推出了一些个性化服务，比如应家长的要求，到香港迪士尼、麦当劳等儿童喜欢的娱乐场所去拍摄。有一次，熊先生就应了一位家长的要求，到二沙岛的广州美术馆拍摄孩子参观画展的过程。未来，他们还计划推出一些非主流摄影，比如 Cosplay（角色扮演）等的服务。

将行业的最高点当成起点，给同行制造障碍，这是熊先生开店的策略与想法。为了区别于市面上的儿童摄影店，熊先生投入了大量资金去策划、制作摄影主题，仅购买拍摄设备就花了三四十万元，包括必要的摄影设备和制作场景的设备，这在儿童摄影市场上是独一无二的。其中，一台相机的价格就达到十几万元。为了构造各式各样的主题场景，他们购买了起泡机、鼓风机、喷雾机、雪花机等，其中雪花机是为迎接圣诞节而专门购买的。此外，他们还独创了海底世界场景，雇请专业人士设计、制作了一块模拟海底世界的水雾墙玻璃，投入了数千元。经过短短两年多的发展，熊先生的儿童摄影店年利润已达到80多万元。

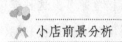

小店前景分析

随着现在自主创业的人数和行业的增多，投资开设专业儿童摄影店的人越来越多。儿童摄影正被越来越多的生意人看好，从小的摄影棚到专业儿童摄影店，似乎有遍地开花之势。以杭州为例，专业儿童类摄影店最早的开于2000年，目前较为知名的专业机构有宝宝贝贝、爱你宝贝等几家。经过几年的发展，有些还开出了连锁分店。

开一家专业儿童摄影店一定要选择一个好的开店地址，而交通便利、周边环境干净应是首选目标。儿童影楼不宜选在闹市区，且面积也不宜太大，以"点小面广"的运作方式较好。给儿童影楼起个好名字也是非常关键的，更容易被大人、小孩记住。

儿童影楼装修一定要突出儿童的趣味感和卡通味道，不宜装修得太豪华。儿童摄影的目标消费者应定位在"高知、高薪"的年轻父母身上，因此把店开在年轻父母爱去的场所，能吸引真正的客源，并能起到活广告的作用。

一般来说，节假日期间各儿童摄影机构每天能接待顾客100多人，平时在6成左右。儿童摄影能提供的服务从满月照、百日照到儿童写真集都有，目标消费群是出生 30 天到十六七岁的孩子，现在有些儿童影楼把怀孕的准妈妈也当成了目标消费群。影楼供消费者选择的拍摄套系有几十种，价格有三四百元的，也有上千元的，最贵的高达 5000 元以上。而 2000 元左右的套系因价格适中、场景丰富，最受家长青睐。

虽然儿童影楼的投入比婚纱影楼要小，但利润却不低。儿童摄影所需的服装相对便宜。婚纱摄影大多为一次消费，而儿童摄影客源稳定且可循环，很多小孩每年生日都会拍上一套，可以说回头客不少。现在，很多原先只涉足成人摄影的影楼也开辟了儿童摄影服务。

在儿童摄影店遍地开花的情况下，要赢得消费者的青睐，就必须推出一些自己的特色服务。据了解，目前最受欢迎的儿童摄影模式为：它从妈妈怀孕起开始记录，直到宝宝 1 周岁，其间分多次提供连续性拍摄服务。

影楼的服务质量对其成败影响不浅。为了让消费者体会到更人性化的服务，有些影楼甚至提供为低龄宝宝上门拍摄的服务，所需费用却与门店服务相同。另外，也可以提供版画、水晶画、海报，甚至挂历、台历等照片后期制作选择服务，既丰富了影楼的产品内容，又不失为一条增收的渠道。

在服装上，不仅要提供风格各异的服装，而且要达到"唯我独有"的效果，现在很多影楼不惜跑到北京、香港购买服装，或者聘请设计师专门为自己的门店设计特色服装，也就是为了让自己的服装更具有竞争力。在注重样式的同时，还要注重服装的质地，以棉制服装为主，因为涤纶或者化纤面料容易刺激宝宝的皮肤。

另外，店内的摆设也非常重要，受服务对象的限制，摆设上应突出体现可爱、温馨的一面。只有让摄影棚充满童趣，孩子才会喜欢，拍出的笑容才更真实、灿烂。

在经营策略上，可以先以中、低档摄影吸引顾客，逐渐向高档过渡。在开店之前，经营者最好先"充充电"，了解一些有关儿童摄影方面的基本知识。在开店伊始，老板一定要亲力亲为，不能当甩手掌柜。此外，还有很关键的一点，即摄影师一定要具有专业水准，因为儿童天性多动，要拍好儿童照片，不仅要掌握摄影技巧，还要熟悉儿童心理，必须擅长与孩子沟通，才能够把孩子最可爱、最具个性的画面拍下来，这一点只有经验丰富的摄影师才能胜任。

针对不同的婴幼儿，可以将照相馆中分为天使馆、公主馆、王子馆等工作室，营造不同的氛围和背景。拍摄孕妇照的最佳时期为7个月左右，此时孕妇的肚子浑圆，更能拍出韵味十足的图片；但如果想分阶段留念，可在4个月、6个月、8个月时分别拍摄，最后装订成册。现在的父母大多追求孩子的个性化发展，当然也不希望孩子拍出的照片都是千篇一律的，因此，儿童摄影店一定要有自己独特的风格，或以贵族化风格见长，或追求清新自然的效果，总之，一定要与众不同。

开孩童溜冰馆，大二男生月入五千元

如今，溜冰运动已经趋向孩童化，儿童溜冰行业也渐渐显现出商机。

🎁 小店成功案例

上大学的时候李科加入了某溜冰协会。慢慢地，他发现溜冰培训这个行业利润空间很大，于是就自己创业当起了老板。如今，李科的儿童溜冰馆已开至珠三角的南海、惠州等地，其月收入也达到了 2 万元的水平。

由于学习溜冰的多是小朋友，李科曾经尝试与学校合作，在学校里办培训班，但尝试了一个学期发现，学校里学员少、利润也低，生意并不好做。

首先，学生一般不会选择在学校里学，因为在小区内学习，家长可以陪同，在学校里则不能，所以真正报名的学生并不多，一般小学里只有十几个学生报名，按每个学生 700 元算，一期的收入也只有 7000 元，除去两名教练的工资 2500 元左右，再除去场地的租金和分成，自己所得的利润已经十分微薄了。

另外，学校的作息制度也限制了学生的课余活动时间。一般教学的时间，只有周一到周五，而且只能在下午四五点钟上完课之后才有1~2小时的自由活动时间。在政府出台了不准学校办辅导班的政策之后，学校也相应取消了这些课余兴趣班。而且，教练无法及时调配，通常在小区或广场的上课时间是5点钟，从学校里上完课再赶回小区里已经来不及了。

李科后来发现，顾客的消费心理有时候很奇妙，如同是向顾客推销，换一种说法也许就能轻易让顾客接受。在人群消费能力高的地段，每名小朋友的学费是698元，包含了一套溜冰设备和初级课程的培训。但在人群消费能力较低的地方，家长

就想开一家自己的小店
又赚钱

就会觉得这个价位不能接受。此时，如果换一种说法，将学费的698元说成298元的学费加400元的装备费，家长则会觉得非常廉价。

俱乐部的学员，大多是几周岁的小朋友，最大的也就十几岁。教小朋友溜冰，其实很大程度上就是"带小孩"，有的小学员只有两三岁，非常调皮，不听话，注意力也不集中，在两年的教学中，李科学到最多的就是如何和小朋友玩儿。学计算机出身的李科，性格十分开朗，和年仅三四岁的小朋友也能打成一片，这也为他争取到了家长的信任，同时也取得了源源不断的财富。

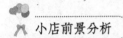

小店前景分析

教小孩溜冰的创业投入并不大，包括买设备和租场地，如果只是在一个小区里教，初次投入则不会很高。不过，选好小区和地段是关键。在好的小区或地段，不但顾客多，溜冰设备的价格也可以卖得高一点儿，一整套溜冰设备，好、坏地段的售价可相差几百元不等。

一般来说，一个溜冰教学点只需要投入7000～8000元的设备费即可，其中包含了大概40套溜冰设备，包括溜冰鞋、头盔、护腕、护膝等。每套设备的成本，便宜的只有110～120元，贵的也就190元左右。

与跆拳道等运动相比，旺、淡季对溜冰培训的收入影响很大，因为跆拳道一般是在室内培训，而溜冰则一般要在室外培训。溜冰的旺季集中在暑假，淡季集中在寒假。

教孩子溜冰，一定要有适宜的场地，在场地的选择上，既有需支付租金的广场，也有不需支付租金的广场。

就想开一家自己的小店
又赚钱

第六章

开一家创意服务店

——想赚钱就要脑洞大开

数码瓷像馆，将瞬间的美好铸成永恒

在商机无限的今天，资金有限的你想要开创一片属于自己的天地，是否面对过多、过滥的选择而无所适从？现在将一种新项目——数码瓷像介绍给你，或许可以使你美梦成真。

🎁 **小店成功案例**

随着生活水平的提高，人们对精神生活的要求也越来越高。家居艺术品作为精神生活不可缺少的一部分，需求量逐年增加，而数码瓷像，正好满足了这一需求。

数码瓷像是利用现代化高科技数码技术，把照片或图像转印、烤印到瓷器上。这种数码瓷像克服了传统瓷像工艺烦琐、画面模糊、易褪色等诸多缺点，做出的瓷像效果超过照片，永不褪色，可以在普通的瓷片、瓷盘等瓷器上印制。

下岗后的王先生就看准了这个商机，便在繁华街道开了一家数码瓷像馆。据王先生介绍，他的数码瓷像馆只投入了15000元左右，其中包括房租、有关审批费用、设备配置、人员工资等。一间十几平方米的店面做展示厅和门面，一间五六平方米的房间做加工间，只需两人即可营业。以其中两种产品为例，8寸和12

🏛 就想开一家自己的小店
又赚钱

寸的人物艺术照加工成瓷像，零售价为 120～160 元，每个毛利为 110～148 元，以每天加工 6 个瓷像计算，毛利润最少 600 元，月毛利 18000 元，纯利润就要看其他费用的开支情况了。

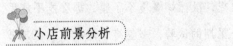

小店前景分析

开数码瓷像馆首先要做好市场预测，调查本地消费者倾向，即哪一系列产品的市场需求量最大，然后采取以此产品为主、其余为辅的经营方针。其次，前期运作要加大宣传，可花少量的钱在当地的报纸中缝刊登小广告，让人知道有此数码技术。除此之外，还可通过不同的渠道拓展业务，例如，艺术照类数码瓷像可与照相馆合作，让他们代收瓷像加工业务，其他系列以此类推。可以采取团体和个人兼做的方式，使业务不断扩大。

"拈花惹草"也赚钱

司空见惯的花花草草，被有心者稍加改变后也可以是"钱"景无限的。

小店成功案例

1996 年国庆，在广东打工的张松和朋友去佛山玩儿，看见

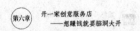

一种用蝴蝶做成的书签要卖5元，也想自己试做一下，但是由于蝴蝶太厚过不了塑，他折腾了半年多也没有结果，只好作罢。

2002年，张松随便翻看以前的书本时，看到一张书签，才想起自己曾经摆弄过的蝴蝶。他想，既然蝴蝶覆不了膜，那么能不能用真花做成书签呢？经过一个星期的试验，书签终于做成了。但是书签上的花草不仅形状变了，颜色也变了。不过这次张松并没有放弃，经过半年多的刻苦钻研，通过压制干燥，张松解决了花草变形、变色的难题。

2003年的"五一"前夕，张松制作了800多张有花有叶的书签贺卡，送到城里的几所中学商店代销，在短短一周内就被学生们抢购一空。真花产品如此受城里学生的欢迎是张松始料不及的，回家后他虽然动员全家齐动手，但仍远远不能满足市场需求。

经过几年的刻苦钻研，张松和妻子刘燕飞一道，不仅解决了花材褪色、发霉的难题，还开发出了一系列压花工艺品、叶脉工艺品、蝴蝶昆虫工艺品、五谷字画工艺品和干花工艺品。如今，他们已开发出的系列产品有压花蝴蝶、书签、花卡、贺卡、相夹、台历、手机链、钥匙扣、项链、手镯、包饰、烟灰缸、压花画、七彩画、婚纱画等，可谓琳琅满目。

从前湘西大山里分文不值的野花、野草，经过张松夫妻俩的加工，一年就卖出了30多万元。仅2005年春节前后，他们就销售了10多万元的产品，还办起了一个10多人的工厂。对于张松制作的压花作品，许多学生都很好奇。针对他们的好奇心，张松开设了一个花吧，让学生自己动手制作各种真花产品，体验创作的快乐。

随着市场的扩大，张松发现简单的压花产品只能吸引学生，为了引起更多消费者的注意，他开始摸索制作压花相框、压花装饰画等系列产品，还和浙江的一家工厂合作开发了更高档的产品。这些产品一投放市场就受到了顾客的喜爱。

小店前景分析

现在的人们热爱自然，崇尚返璞归真，花草工艺品由于采用了大自然中形形色色的花、草、树叶及蝴蝶、蜻蜓等真实材料做成，绝无雷同，在很大程度上满足了人们返璞归真的心理及表达情感的个性需求，由此延伸出的各种工艺品在礼品和旅游用品市场上也有着很大的发展空间。该项目投资小、见效快，比较适合资金不是很充足的下岗工人和普通打工者。

开一家农家旅舍，返璞归真很流行

随着现代人休闲度假生活方式的深入人心，渐成时尚的乡村旅游为开一家农家旅舍提供了广阔的空间，开一家农家旅社既休闲又赚钱，不失为投资的好选择。

🎁 小店成功案例

2004 年 2 月，音寨发生了一件让人不可思议的事情：刚刚在贵定县城里定居下来的村民付江菊，却又把家搬回了寨子。跳出农门曾是音寨人梦寐以求的愿望，她怎么会突然又把家搬回了农村呢？

付江菊此举并不是一时冲动，她是得到家乡要开发乡村旅游项目的消息后才做出这个决定的。乡村旅游真的有这么大的诱惑吗？过惯了穷日子的音寨人内心疑惑重重。现在，寨子里已经发展起来了几十家农家饭店。在"罗二妹农家饭庄"里，付江菊正

就想开一家自己的小店
又赚钱

在招揽游客吃饭。

布依族传统的农家饭，吸引着越来越多的游客前来品尝。除了农家饭店之外，付江菊还经营着一家农家旅馆。尽管每天忙得不可开交，但是她的心里却是乐开了花。

在付江菊的旅馆中，每天都有二三十个客人入住，因人手不够，她就到外面去请了很多帮手，每天在她家里面做工的人就有10多个。仅2006年3月，付江菊就收入了5万多元，这是她以前想都不敢想的。音寨的乡村旅游项目开发了两年，就给村民们带来了意想不到的惊喜。在付江菊的带动下，外出打工的村民都陆续地回到了村子。

音寨背靠观音山，前临音寨河，环境十分优美。寨子周围种着上万亩的油菜和特产水果李子。每年的3月份，美丽的油菜花就形成了"金色的海洋"，山上成片的李树花开汇成"雪的世界"，形成了"金海雪山"的美丽景观。

这种景观让当地的决策者受到了很大的启发，2004年3月，贵定县县政府在音寨举办了第一届"金海雪山"旅游节。藏匿于深山中的音寨很快名声大振，贵州本省的一些地区，特别是距离音寨不到100公里的贵阳市和都均市的市民，很多都把这里当成了休闲度假的首选之地。

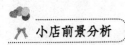
小店前景分析

据世界旅游组织公布的资料，旅游部门每增加直接收入1

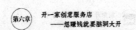

元，相关行业的收入就能增加 4.3 元；旅游部门每增加 1 个就业机会，社会就能增加 5 个就业机会。另据世界旅游组织统计，欧洲每年旅游总收入中农业旅游收入占 5%～10%。西班牙重视乡村旅游，36% 的西班牙人季节休假是在 1306 个乡村旅游点中的房屋里度过的。乡村旅游具有使游客接触大自然、领略田园风光、体验乡土气息、参观民俗风情、品尝传统风味、购买土特产和手工艺品的独具魅力；同时，在那里还可以享受价格低廉的好处。在全国各地，开办农家旅舍的前景十分看好。

开办农家旅舍，首期投入需要多少钱呢?

以 3 间客房为例，可设置 6～8 张床和床上用品，投资约需4000 元，另需购置厨具若干，有 2000 元足矣，再加上 2000 元作为流动资金，总共投资 8000 多元即可开张。

"宠物婚姻介绍所"，给猫猫狗狗找个伴儿

"宠物婚姻介绍所"是个新生事物，市场目前尚处于空白，是投资开店的极佳项目。

🎁 小店成功案例

近年来南京出现了专职的"宠物红娘"店铺，有的一年竟能

赚十几万元，一点也不比一般的婚介所差。

南京的罗小姐家有一只白色雄性迷你贵宾犬，买时花费了8000元人民币。因为狗的血统比较纯正，所以经常会有一些狗友找来要求给自家的母狗配种。如今，罗小姐家的这只贵宾犬已经当了五六次爸爸了，只要对方的母狗怀孕一次，就可收费1000块钱左右，现在已快把买狗的钱赚回来了。据养宠物的圈内人士讲，现在越来越多的人知道养狗就要养好狗，好狗是能不断增值的，不但在经济方面有一定的回报，同时自己还可以得到很多的乐趣。

正是看中了这个赚钱的行业，一些人干脆当起了专职"宠物红娘"。今年步入不惑之年的李锦荣先生养狗多年，几年前就觉得宠物行业很赚钱，索性辞掉了工作，一心一意做起了宠物家庭繁殖。现在李先生家里养了6条贵宾犬，2公4母，主要是给自家宠物配对繁殖，附带配种。一只母狗一年生两窝，一窝三四只，一只可以卖到5000～7000元，这样光卖狗一年的收入就有10万元。而公狗成功配种一次1000～4000元，收入也相当可观。李先生这个"红娘"越当越开心，他现在打算投资一笔钱，在南京开一个大的宠物养殖场。

据了解，北京和上海等城市早就出现了比较专业的"宠物婚姻介绍所"。这些"宠物婚姻介绍所"一般都在豪华住宅小区内集聚，收取20％左右的中介费，你要什么好狗，他代你找；你的好狗卖不上价钱，他代你卖。南京目前还没有一家专业的"宠物婚姻介绍所"。现在虽然有一些宠物医院在做兼职的"宠物红娘"，但多数都是帮忙性质的，李先生认为，如果有人能够把"宠物红娘"专业化，登记那些持有血统证书的宠物，把价格规范，相信未来会是个赚钱的好生意。

小店前景分析

清晨或傍晚走在城市的街头，各种各样的宠物伴随在主人身前、身后，这种情景已成为现代大都市的一道风景线。宠物一族是一支不可忽视的队伍，各种各样的宠物已成为这类人群不可缺少的精神寄托和生活"伴侣"。很多宠物主人都想为自己心爱的宠物留下优质的后代，却苦于找不到相匹配的同类宠物，有的即使能够找到，又担心宠物之间会传染疾病，因此倍感困扰。如果能够开一家"宠物婚姻介绍所"，则既能够帮助这些人解决困扰，又能让自己有钱可赚。

这类的店面应选在高档住宅小区集聚地，小型门店面积30平方米左右即可，如果要办成宠物综合服务中心，门面面积应不少于100平方米。门面装饰要富有闲情雅韵，正面应采用玻璃装饰，尽量全透明，精选部分宠物图片点缀其间，突出"宠物婚介所"的特点。室内一般装修即可，墙壁点缀宠物图片，标明服务项目、服务程序、质量标准和收费标准。有条件的还可以添置饲养设备、美容设备、医疗设备、照相设备等。一般投资两三万元即可。

无论是小型"宠物婚姻介绍所"，还是宠物综合服务中心，

就想开一家自己的小店
又赚钱

都应该根据顾客的需求来确定服务内容，并根据自身的条件不断拓展服务范围。作为一间"宠物婚姻介绍所"，至少应做好以下几个方面的服务。

1. 宠物档案。凡是来这里找"对象"的宠物，首先要对宠物的年龄、品种、健康状况等进行详细登记，并建立宠物档案。

2. 宠物美容。为宠物清洗消毒、整理毛发、美容化妆、佩戴饰物，提高宠物"相亲"的形象。

3. 宠物照相。用于宠物档案和刊登宠物"征婚启事"，同时方便宠物主人建立宠物相册，留下宠物的"青春容颜"。

4. 宠物"征婚"。刊登宠物"征婚启事"，根据宠物主人对配种宠物的体重、体型、血型等要求，为宠物寻找"门当户对"的"婚嫁对象"。

5. 宠物体检。为宠物检查疾病，防止宠物交友或婚配时传染上疾病。有条件的还可以开设宠物医院，为宠物提供饲养咨询、治病疗伤服务。

6. 其他服务。如提供宠物用品、宠物时装、宠物寄养及宠物交友等服务，可购进一些小巧精致的宠物玩具、宠物服装、宠物用品、养宠物书籍，供养宠物者选购。宠物有时也是很孤单的，需要找同伴交流，因此还可以提供宠物临时寄养等便利服务。

7. 广告宣传。如在街道、厂房、商厦旁做些广告牌等，可提高知名度，还可以印制一些名片，向宠物爱好者散发，多揽一些生意。

8. 收费标准。宠物"婚介"收费，主要是根据宠物的名贵程度和寻找宠物"婚嫁对象"的难易程度，随行就市。宠物档案、宠物美容、宠物照相、宠物体检和其他宠物服务，则可以通过计时或计次收费。

投资"宠物婚姻介绍所"最令人心动的在于它的市场空白和消费份额。由于宠物主人群体相对稳定，加之这个群体多半为富贵人家，舍得在这方面花钱，所以，消费量虽少，但消费额却很高。"宠物婚姻介绍所"是个新生事物，市场目前尚处于空白，有需求无店铺，是投资的最佳项目。但宠物消费毕竟是特殊消费，市场很容易饱和，投资者必须抢先登陆，才会有利可图。如果你所在的城市已经有一两家办得很好的宠物服务场所，建议不要盲目跟进，以免造成经济损失。

"玉米虫"两年挣回 100 万元

因为域名和"玉米"的发音相近，注册域名被网虫们叫作"煮玉米"，从事这一行业的人被人们称为"玉米虫"，也叫作"米农"。23 岁的小伙子戴跃就是一个"玉米虫"，他以 280 元起家，仅仅两年的时间，身家已过百万元，并拥有了一家属于自己的 IT 公司。

　　戴跃出生在湖南省宁乡的一个小镇，高中毕业后顺利地考入了长沙大学，学的是他最感兴趣的计算机专业。2003年大学毕业后，戴跃应聘到长沙的一家IT公司工作，开始了他的打工生涯。在公司，他主要负责产品推销和网站建设。由于做事勤快，熟悉业务，很快，他的月薪涨到了6000元。

　　在为客户建设网站的过程中，有不少客户常常为取域名犯难，好的域名已经被注册，不理想的域名又不愿意接受，所以经常要戴跃为他们编域名。一次，一家公司要戴跃帮其编一个域名，他一连编了好几个，到网站一查，结果都已经被注册。当他又编好一个域名到网站查询时，查到的结果是"此域名正在出售，有意购买者请联系"。公司经理见状说，注册一个好域名真是不容易，干脆就将这个域名买下来吧。最后，公司以1000元买下了这个域名。一个域名不就是几个英文字母组合在一起吗？怎么一转眼就卖了1000元？有了这次经历后，他对注册域名产生了浓厚的兴趣。

　　2004年3月，戴跃用自己打工的积蓄买了一台笔记本电脑，利用业余时间开始用心钻研域名。这是一个低成本、高利润的买卖，注册一个".cn"域名的成本费是100元（注册管理费），而一个好的域名成交价通常都在1000元以上，有的甚至达到上万元、几十万元。

　　2004年9月的一天，戴跃无意中发现了一个自己很感兴趣的域名，1861.com.cn，而且这个域名已经过期了。他想，这个域名对手机、电信等通信行业的公司来说是再好不过了，于是花280元将它注册了下来。

注册成功后，戴跃并没有怎么记在心上。当时他心想，如果有人愿意买，只要能赚个几十块钱，就卖了算了。可令他没有想到的是，还不到一个星期，就有一家通信公司给他发来邮件，愿意用15000元购买这个域名。看到这封邮件时，戴跃大吃一惊，280元的成本，一下就升到了15000元，这该不会是假的吧？他一连看了几遍邮件，又打电话和对方联系，才确认这是真的。

戴跃静下心来一想：既然几天的时间就能升值那么多，说明这个域名还会继续升值。于是他委婉地拒绝了对方，决定看看行情后再说。从此，戴跃决定做一个域名投资人。

2005年4月初的一天，戴跃向公司递交了辞职申请书，一心一意做起了域名投资。当时有很多人都无法理解他的行为，要知道，在长沙6000元月薪的工作可不好找啊！只有戴跃自己才清楚，打工对于他来说只是一个过渡，他一直梦想着拥有一份属于自己的事业。

戴跃选择了资源依然丰富的".cn"域名作为突破口。他每天的时间大都花在寻找感兴趣的域名上，大多数时候一天要分析800个域名，对它的背景、流量、价格进行分析，也就是看这个域名有什么含义，与之相关的行业是否被广泛关注，这一行业的

就想开一家自己的小店
又赚钱

前景怎么样。

有一天，他正在电脑前寻找理想的域名，一个朋友打电话邀请他去张家界玩儿。他突然灵机一动：如果注册到一个与张家界有关的域名，那么它的价值肯定非同一般。于是他连忙编好了一个域名，zjj.com.cn，到网站一查询，竟然还没有人注册，于是他赶紧将这个域名注册下来。没过多久，张家界某公司发来邮件，要求购买这一域名建立门户网站，最后戴跃以15000元的价格将这一域名卖给了对方。仅这一个域名便盈利14000多元。

戴跃发现，要找到一个好的域名也并不是一件容易的事儿。一次，他发现了一个非常不错的域名，17951.com.cn，虽然已经被人注册过，但当时已经过期，要等15天的续费期，如果注册人还没有继续缴纳管理费，便能开放注册。戴跃估计，肯定有不少人会盯住这个域名，于是他每天都要看一下这个域名，临近到期的那两天，更是一直盯着电脑屏幕不放，直到注册成功。现在，这个域名已经升值了50多倍。

好的域名大都已经被注册，有时候一天的时间都难得找到一个好域名，戴跃开始发起愁来。虽说这一行利润较高，但没有好的域名，买家不感兴趣，手中的域名卖不出去，利润从何而来？

2006年4月的一天，戴跃出去办事儿，当他经过一条街道时，看到许多花店都摆满了各种各样的玫瑰，并打出大幅广告

"送一枝玫瑰，见证你的爱！"戴跃当即动起了心思，心想：如果将人的名字编成域名，送给自己的爱人，既可以用来网上开店，也可以用来写博客，这不是时尚一族中最浪漫的礼物吗？这种域名虽然利润不是很高，但是需求量十分大，前景十分广阔。于是，戴跃赶紧抢注了一批这样的域名，并在情人节期间推到网上出售。他的这一想法恰好迎合了追求时尚的年轻人的心理，很多年轻人都来抢购这种个性域名。当时注册一个这样的域名只需花上5块钱，而售价高的却达到了几百元甚至上千元。

戴跃的思路变得越来越宽：既然情人节可以将域名当作礼物，那么平时不也有很多人需要送礼吗？域名有着传统礼品不可替代的优势，因为一旦用自己的名字注册成功，同姓名的人就不能再注册了，属于一种不可复制的资源。送一份这样的礼物，更容易让接受礼物者体会到受尊重的感觉，特别是公司若将这一份别具一格的礼物送给VIP客户，虽花费不多，却能很好地和客户联络感情。于是，情人节后，戴跃又及时推出了"姓名.cn"的域名，一经推出，就受到了不少人的欢迎。

随后，戴跃又不失时机地推出了手机域名、星座域名、爱好域名等个性域名，每一批域名的推出，都吸引着时尚一族的眼球。就这样，戴跃不断创新，效益不断攀升，一年多后，手中就赚了60多万元的现金。

虽然有不少好点子，但是要注册到一个价值不菲的域名，仍然是比较难的，因为好的域名绝大多数都已经被抢注。于是，戴

就想开一家自己的小店
又赚钱

跃在一边寻找好域名的同时，一边收购一些自己认为比较有价值的域名——有些域名虽然售价不低，但他只要认定了，就会毫不犹豫地收进。

有一天，他看到一个 hnw.com.cn 的域名正在网上出售，顿时来了兴趣，他通过仔细分析，认定这是一个升值空间很大的域名。它可以做好几个地方的门户网站，比如湖南网、河南网、海南网、华南网，但他和对方联系后，对方一口咬定要 2000 元。虽然价格不低，但戴跃还是果断买了下来。十几天后，就有客户出价 7000 元向他购买这一域名，但他并没有轻易出手，因为他知道，这个域名远不是当前这个价格可以买到的。

戴跃的手上有不少好域名，如 chaogu.com（炒股）、dyj.com（打印机），虽然有很多客户要购买，但戴跃都未轻易出手，他知道，这种域名远远不止当前这个价格，随着互联网的发展，这些不可复制的资源每天都在升值，几乎每 6 个月就可以翻一番。

正因为域名升值快，所以戴跃现在只注册和买进，达不到理想的价格绝不卖出。但随着买进和注册的域名越来越多，他手头的资金开始告急，戴跃又想出了新点子。后来，他开通了中国域名投资网，集域名注册、交易、代售等功能于一体，并注册成立了长沙 1861 电子商务有限公司，聘请了 10 名员工，公司业务涉及产品网站建设、网络宣传、企业电子商务、企业电子邮局、数据库开发等多个方面。同时推出了"只用投资坐收利润，风险我来承担"的融资方案，即由对方出钱注册公司指定的".CN"域名，一年快到期的时候，对方若决定续费，那就按照市场价格续费；对方若决定不续费，可以无条件让公司以原注册价格的110%全盘买下。在一年内，对方可以出售任意一个域名，且价格自行决定，也可以由公司代售，公司只收取15%的手续费。这个方案一经推出，就吸引了不少的投资者，长沙的一个客户一次性投资了10万元，戴跃说，利用这一笔资金，可以购买400个比较好的域名了。这些域名一年后可以升值两倍，投资方和公司都能从中获得丰厚的回报。

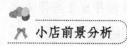

小店前景分析

投资域名并不需要多么专业的知识，只要有一定的眼光，肯动脑子，即使没有高学历也同样可以做。随着网络的发展，域名投资将会被越来越多的人看好，甚至会引发一场域名投资热潮。当然，既然是市场经济，任何的投资都不可能没有风险，如果你不肯钻研，不肯努力去学，那么，你将永远都赚不到钱。

仿真动物玩具专卖店利润可观

眼放蓝光的波斯猫在攀爬电视机；两只慵懒的腊肠狗偎依着蜷缩在竹篮里打瞌睡……但奇怪的是，这些可爱的小家伙，不拉

就想开一家自己的小店
又赚钱

屎、拉尿，不吃食物，这是为什么？原来，它们是用动物皮毛按照实物的比例做成的仿真宠物。

　　一位年轻妈妈陈雪玫经营起了一家仿真动物玩具专卖店，不但如此，如果谁家心爱的宠物死了，她还可以仿照它的样子"克隆"一只一模一样的小宠物，以抚慰主人感怀之苦。

　　就在不久前，陈雪玫花3万元代理费，成了北京圣奥仿真宠物公司重庆地区总代理。如今，她已在观音桥金源地下城开了一家总店，沙坪坝、杨家坪分别开了一家加盟店。

　　目前，陈雪玫的总店每天的营业额可达到800元。据称，由于成本较低，经营仿真宠物的毛利润往往在50%以上。如果按平均每月18000元的销售额计算，那么她每月的毛利润在9000元左右。而陈雪玫自称，她开总店的时候，进第一批货只花了3000元，共有70多只仿真宠物。

　　"六一"儿童节，陈雪玫还搞了一次促销活动，当日的销量超过了1000元。在当月，其总店和两家分店总共卖出了3万多元。

　　其实陈雪玫萌发做仿真宠物的念头实属偶然。她在中央电视台的节目里看到，在山东和内蒙古有人将动物的皮毛制作成小宠物，由于形态逼真，很受人们喜爱。

　　以前，陈雪玫的女儿一直嚷嚷着要养一个小宠物，但都因陈

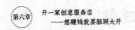

雪玫觉得麻烦和不卫生而拒绝了，而仿真宠物的出现正合了她的心意。可就在陈雪玫决意购买时，她转遍了重庆各大卖场都不见其踪影。她立即意识到，仿真宠物的市场前景应该不错。

刚开始的时候，陈雪玫的生意并没有意料中的好。虽然这些可爱的小家伙赚足了顾客的眼球和称赞，但往往看的人多，买的人少。这使她不得不静下心来探究其中的缘由。原来，因为这些仿真宠物大部分都是按宠物实物的比例制作而成的，虽然形态逼真，惹人怜爱，但不少顾客都担心个头太大，放在家里占地方，再加上这些仿真宠物价格太高，单价大都在 300 元以上，一般顾客不容易接受。

就想开一家自己的小店
又赚钱

于是，陈雪玫开始调整经营策略，以经营单价200元以下的小型宠物为主，200～500元的为辅。

除了可爱之外，仿真宠物的造型还要具有一定的实用价值。比如，让小狗抱上竹篮，这种造型可以放在书桌上当笔筒；把小猫做成弯钩形，可以直接挂在电脑或电视机屏幕上，既美观又起到保护作用，而这样一只约0.5米长、用动物皮毛制成的"小猫咪"售价才30多元。

据陈雪玫介绍，仿真宠物的品种包括十二生肖，以及其他常见的动物，售价从6元到1000元以上，适合不同消费档次的顾客需要。

另外，经营仿真宠物没有季节性，风险较低，而且前期投入资金也比较低，毛利润往往在50%以上，比较适合小本经营者发展。

陈雪玫的账是这样算的：

前期投入：加盟费2000元（一次性投资）+门面费2500元/月+进货成本9000元/月（视销售情况有所增减）+礼品包装费100元/月（包括口袋、彩带、彩花等）+店员工资1000元/月（1名）+展台展架1000元（一次性投资）=15600元。

月利润：经营额约20000元-门面费2500元-进货成本9000元-店员工资1000元-礼品包装费100元=7400元。

陈雪玫说，为保障每个加盟店的利润，在方圆10公里的范围内，不会再开新的加盟店。除统一的店面设计外，厂家还统

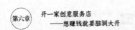

一货物配送和价格指导，并在每月新推出 4 ～ 5 款品种，供加盟商选择。

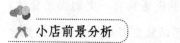

小店前景分析

仿真宠物更大的卖点在于，可以等比例复原已经死去的小宠物。宠物死后，留下它的正面、左侧面、右侧面、背面 4 个不同方位的照片，然后再让主人回忆一番和小宠物在一起的那些美妙日子，复制它最可爱的形态、动作等。只要半个月或一个月的时间，厂家就能根据主人的描述，设计出小家伙的动作、神态，复原它生前的模样，让它鲜活地再现在顾客面前。

定做的价格，一般身长 1 米以下的在 500 元以下，1 ～ 1.5 米的要 500 ～ 900 元，当然，根据制作难度的不同，价格还会有所变化。厂家先根据照片上宠物的体格，用塑料制成模具，往内填充海绵、棉花等柔软物质，外边再贴上宠物的皮毛。经过专业处理的皮毛没有异味，不会腐败，不会变色，能保存多年。

钟爱这些仿真宠物的顾客，多以小孩、老人为主，此外还有时尚年轻人和忙碌的上班族。他们花上几十元、几百元买上一个仿真宠物，既不用喂食物，也不用担心它们在家里地板上随处拉屎、拉尿，也不会咬人又不会掉毛，环保干净，让人省心。由此看来，这一行的市场前景的确非常广阔。

开一家针对都市女性的"女子沙龙"

城市抑郁症被专家喻为 21 世纪第二大疾病，被各种心理疾病困扰的都市女性，迫切地需要以倾诉的方式排解忧愁，因而，一种全新的场所——"快乐女子沙龙"作为心理学的补充，正迅速成为都市经济中的新亮点。

🎁 小店成功案例

汪小姐目前在一家美容机构担任美容顾问兼讲师，做得算比较成功，可是她最大的心愿是为自己打工。根据以往的经验，她觉得创业还得从熟悉的领域入手，而开一家"女子沙龙"是她的理想，虽然目前还停留在纸上谈兵的阶段，但多少也已经在筹划的过程中。

选址：地理位置可选择市郊的僻静处，周围绿树环绕，环境优雅。其建筑要有情趣，看上去使人心情舒畅。

目标人群：追求高质量生活，愿意与人交流、分享，年龄在25 岁以上，有一定的生活阅历，有固定职业的高收入都市女性。

资金投入：长期租用一个 150 平方米左右的经营场地，月租金控制在 6000 元左右，沙龙的环境装饰及布置要显得"轻松、休闲、时尚",最好是暖色调风格,装修费用在1万元左右,配置开业设备等1万元,员工工资为5000元。办理营业执照等经营手续需1000元,总投资5万多元便可以操作运行了。

"女子沙龙"最好每期都有一个主题,要经常组织一些室内外活动来丰富女士们的生活。沙龙主题要尽量做出自己的特色,同时还要贴近日常生活需要,如丝巾秀、茶道、礼仪、插花、煲汤、学习服饰或色彩搭配的技巧等,同时还可以邀请一些嘉宾来参与活动,每次设定一两个互动性强的栏目,并准备一些小礼品来活跃现场气氛。

另外,经营范围不能只局限在办主题沙龙上,汪小姐还计划将来每年都组织会员去上海或香港集体购物,由公司派专业顾问陪同。另外,她还准备和一些国际知名品牌的服装和化妆品公司建立联系,代理他们的产品,并不定期地邀请专业人士推广并介绍最新的流行色彩、服装、发型等,也可以根据会员的要求现场做演示。女子沙龙需要为会员准备一系列的优惠方案,也就是说凡是女子沙龙的会员都可以最优惠的价格买到来自意大利、英国、法国的各类高档时装和化妆品,总之,方便大家是最重要的。良好的服务是成功的法宝,女子沙龙应该从服务入手抓住会员的心,了解她们要什么,千万不能不顾会员的实际情况就将自认为好的服务强加到她们身上。同时,要善于从细微处着眼,往往一个小小的人文关怀就能体现出女子沙龙的整体服务质量。

就想开一家自己的小店
又赚钱

因为主题沙龙一般都会占用周末的时间，所以平时会相对空闲一些。能做点什么呢？汪小姐计划在空闲的时候可以将沙龙改成一个倾诉室。倾诉室咨询员可以是大学心理系的研究生，也可以是当过教师、医生的复合型人才，这样可以满足不同咨询者的要求。工作内容是，同会员聊天，聆听她们的倾诉，帮助她们排解心中的烦恼，缓解工作和生活中的压力。这里不仅是沙龙，还是心理诊所，让每个怀着抑郁情绪来到这里的人走出去的时候心情都是轻松的。

效益分析：经营女子沙龙，收费标准主要有三种形式：月卡、季卡和年卡。当然，如果感兴趣的话也可以随时参加，每次的费用为100～150元。按固定会员60人计算，每月收入大约是3万～4万元，再加上其他方面的收入，每月纯毛收入约为4万元，扣除房租、员工工资及其他费用两万元，这样每月净利润在两万元左右。

汪小姐目前正在为她的梦想忙碌着，她希望通过自己的努力能够为所有关爱自己、热爱生活的女性朋友搭建起一个社交的平台。当然，梦想的实现还需要各方面的支持。汪小姐也早已有心理准备，但她表示自己会尽力而为，化不可能为可能。

 小店前景分析

女子沙龙在硬件上可以租用200平方米左右的经营场地，店内装修要温馨、典雅，配置开业设备如桌椅、电话、热饮食品

等，雇用几位兼职心理咨询员，咨询员可以轮流上岗，每天工作约 3 小时。

在沙龙的选址上，可选择市郊的僻静处，里面设有发泄室、假面聊天室、倾诉室等。

营销建议：女子沙龙的主要消费群体是都市女性一族，所以沙龙的环境装饰及布置要显得"轻松、休闲、时尚"，主要风格最好是暖色。

1. 倾诉室：倾诉室咨询员虽没有年龄限制，但要有资质。

2. 发泄室：室内可设沙袋、橡胶人体、拳击手套、专门的乐器、舞厅、卡拉 OK。在发泄室里，人们来到这里后，能根据自己的需要，或唱歌、跳舞、打鼓、弹琴、吹号，或呐喊，或拳击沙袋等，用这些方法来排遣心中的不快。

3. 假面聊天室：现代都市中，有很多人一方面非常渴望向人倾诉心中的喜怒哀乐，也十分向往了解别人生存的故事和内心深处的情感，另一方面，他们又常常不愿意被自己所熟识的人看到心中的秘密。我们不妨借用假面舞会的精华，开办一个假面聊天室，进入假面聊天室的客人都要戴上假面具，这样人们互不认识，就可以敞开心扉随意交谈，谈完天、喝完茶走人，不必有任何担心和牵挂，本来就是匆匆过客嘛。

创意十足的"候妻吧"

许多男士陪妻子逛商场时都会表现得极不痛快，他们往往是一脸无奈的表情，更愿意找个地方等候购起物来没完没了的妻子。顺应这一需求，开一家"候妻吧"是一项不错的选择。

🎁 **小店成功案例**

杨莲天生活泼好动，从小就有一股不服输的劲儿。大专毕业的她，进了一家单位做文秘工作，后因不适应而辞职。到重庆有名的富豪俱乐部做了一名红酒促销员。一年后，杨莲再次提出辞职，这次是因为她发现了一个自认为很不错的商机。

有一天，杨莲到重庆百货商场购物时，发现许多男士陪妻子逛商场时都会表现得极不痛快，他们往往更情愿留在商场门口，燃上一支烟，看着报纸，呼吸着新鲜空气等候购起物来没完没了的妻子。同时杨莲还听到几个男士坐在商场门口的台阶上聊天，其中一位先生说："我老婆一进商场就没有了时间概念，往往一逛就是大半天，回去时常会累得我骨头要散架似的……"

当晚，杨莲在床上翻来覆去地睡不着，脑海里一直回想着白天的遭遇，以及那些"候妻"男人们的话，这让她心里产生了震动。她想，如果能有个安静、舒适的地方让他们休息就好了……想到这里，一个念头在她的脑海中蓦地一闪：何不在解放碑这个重庆最繁华的商业区，开一家让陪妻子逛街的丈夫们歇歇脚的茶座呢？就像在火车站或大型超市寄存物品一样，女士逛街时先把丈夫临时"寄存"在茶座，离开时再来"领走"。

杨莲的想法得到了朋友的赞同。2002年8月1日，"美美候妻吧"正式开张营业了。由于"候妻吧"装修雅致，并且茶饮烟果、联网电脑、纯平电视机等一应俱全，在这里还可以俯瞰楼底的整个营业大厅，这一切都让在这里休息的人们感觉非常舒适、惬意。再加上这是以前人们闻所未闻的新鲜事物，特别引人好奇，因此，这个特殊的"吧"一开张，就赢得了顾客们的青睐。

生意意外红火得让杨莲措手不及，在原来请了一个帮手的基础上她不得不再请了两个侍应生。这尽管增加了成本，但是能给顾客提供更快捷、优质的服务，也为"候妻吧"赢得了声誉。

一开始，很多人以为"候妻吧"只给男士提供服务，他们也不知道这里到底有些什么样的服务，只有一个"美美候妻吧"的招牌，所以让不了解的人有些摸不着头脑。有一回，一位女士走过"候妻吧"时问道："'候妻吧'是婚姻介绍所吗？"当杨莲知道人们对这一新兴时尚名词并不了解的时候，她赶紧制作了一个精美的、说明服务事项的广告招牌，打出了"给我10分钟，还你一天轻松"的广告语。广告招牌摆出后，正如杨莲想象

就想开一家自己的小店
又赚钱

的一样，生意比以前更加火爆，吸引了无数因逛商场而疲惫的男男女女。

打出这个广告前，杨莲是深有感触的，因为逛商场的不仅有成双成对的夫妻、恋人，还有很多单身和独自逛街购物的先生、小姐，而这是一块很大的"蛋糕"！为何不让他们也加入这里来呢？于是，杨莲在打出上述诱人广告的同时，又增加了更多的服务。比如，除了提供更多的茶品、咖啡、啤酒和饮料之外，为了照顾不抽烟的女性，使她们在休息时不受男士们烟雾的干扰，杨莲特意在环形长廊里隔出40平方米，装修成一间安静、高雅而又温馨的小吧，在这里，一杯菊花香茶，几本美容时尚杂志，一瓶巴黎香水，一面供临时整妆用的镜子，就够女士们享受一段温馨、浪漫的好时光了。

"美美候妻吧"开业3个月后，收入已经能保持在每月两万元以上了，加上里面卖茶水饮料、烟酒瓜果的盈利，算到一起每个月的纯利润是杨莲做红酒促销员时的10倍还多！满心喜悦的杨莲不由得感叹：商业时代，只要善于发现和为别人服务，财富挡都挡不住。随着"候妻吧"生意的红火，逛街购物的人们累了总会到那里小憩一会儿，喝喝茶、聊聊天，忘却一身的疲惫。一天，一位单身女性让她同来的朋友再陪她去购物，而那位朋友却因有事儿拒绝了，这让那位单身女性大扫兴致。杨莲顿时就想：我们何不提供陪购服务呢？一来，可以吸引更多的顾客，二来可以成为"候妻吧"新的经济增长点。

杨莲说干就干，但由于陪购在当时根本不为人们所知，到哪里去找陪购服务员呢？经过与朋友的多次商量，他们认为，陪购的任务除了帮客人提东西外，更主要的是能提供购物参考。这要求陪购员除了懂得服饰搭配的知识之外，还得有耐心。有了这样的定位，杨莲先是高薪挖了一个大商场的有经验的男服务员。没想到这一项服务在后来让单身购物的女士们非常满意，而且还经常有女顾客给小费。这件事儿让杨莲看到了新的商机，于是她就大胆招聘了10多名男女员工进行培训，继而安排他们以"候妻吧"服务员兼陪购员的身份上岗。这让"候妻吧"的生意又上了一个新台阶。

　　"美美候妻吧"开业3年来，生意一直红红火火。为了不断扩大规模，杨莲倾注了许多心血，并时不时甩出一个个创意点子，为其注入新鲜的血液。对此，杨莲感慨地说："赚钱并不是唯一的目的。能每天为成百上千名顾客提供一个休息场所，替他们排忧解难，让他们放心购物，我觉得年轻的自己正在社会上发挥着价值，自然感到内心很充实。"

🎈 小店前景分析

　　丈夫休息室营业场地最好在50平方米以上，室内装修设计要简单、明快，给人以轻松、愉悦的感觉。室内要划分出几个区，如休息区、阅览区、娱乐区、礼品区等。休息区摆放沙发、茶几、茶具、衣架等，可兼售饮料、啤酒等；阅览区可提供报

就想开一家自己的小店
又赚钱

刊、书画供顾客浏览；娱乐区可提供数量适当的电脑、游戏机、各种棋牌供顾客玩乐；礼品区可经营一些小礼品，每件礼品的利润定在 5 ~ 50 元。结合自身实力，如果资金紧张，可购买一些二手器具。

另外，还可以规定凡进入休闲室者，可持通票进入各休闲区休息、娱乐或阅览，也可持单项票到某休闲区去休闲。卖票的收入再加上饮料、小礼品的收入，去掉租金、电费、工资等各项开支，每月至少盈利在万元以上。由于是为时尚白领一族消除疲劳，享受轻松、休闲，让他们在逛街购物后享受温馨、舒适的服务，他们往往不太在乎花钱的多少，更在乎服务是否周到。因此，"候妻吧"的室内装修一定要时尚、高档、有品位，服务要周到、热情。

"眼镜影院"赚酷钱

随着科技的进步与发展，各种高新技术产品陆续走进了人们的日常生活，一种名叫"眼镜影院"的新产品便让一位大学毕业不久的小伙子当上了老板赚了大钱。

大学毕业以后，刘源一直在一家知名的外企公司工作，有着让人羡慕的不菲的收入。尽管工作十分忙碌，但是作为硬件发烧友的他只要一有时间就会摆弄他的视听音响设备，欣赏音乐和国外大片。

一次偶然的机会，刘源去一家发烧友俱乐部参加活动，从一位俱乐部会员那里得到一个消息，说深圳一家高科技公司推出了一种叫"眼镜影院"的新产品。这种"电影院"没有我们通常所见的大银幕、放映机和观众席，而是由一种奇怪的眼镜式微显示器（但内设有超大液晶显示屏）和便携式影碟机组成，而且它的重量仅有200克，使用方便，处处显示着与众不同的时尚气息。

这种"眼镜影院"首先出现在美国，是由军用的红外夜视仪转民用而成的革命性视听产品，可以连接各种输出设备，可播放VCD、SVCD、DVD、CD、MP3等。屏幕上放映的内容除了自己以外别人根本看不到，具有独特的隐私保护性。戴上这种眼镜后，眼前2～3米处就会出现一个40英寸左右的大屏幕，配合着双声道立体声耳机产生的逼真声效，使观看者如身临其境，兴奋不已。刘源一听，对这种"眼镜影院"神往不已，赶忙向俱乐部会员要来了"眼镜影院"生产厂家的电话。

第二天，刘源就向深圳的那家生产厂家订购了一台"眼镜影院"。当刘源抱着这个宝贝在家尽情享受的时候，上大学的表妹突然来到他家，看到他这个"眼镜影院"后非常喜欢，执意要借用几天，刘源没办法只好借给她。

一个星期后，表妹如期将"眼镜影院"还给了刘源，她说她的同学都非常喜欢它，如果在她们学校附近能有个"眼镜影院"的影吧，她们一定会经常光顾的。表妹走后，刘源想：既然大学生这么喜欢"眼镜影院"，我完全可以自己开个影吧呀，这样既可以满足自己的兴趣爱好，说不定还可以闯出自己的一番事业呢！

刘源立即对市场做了调研，调研结果表明"眼镜影院"具有天然的独特性和时尚性，用它来开影吧，完全避开了同行业的竞争，市场前景十分好。于是刘源毅然辞职，全力开创起自己的事业。

刘源在表妹所在的大学附近找了一家20平方米的门面，这里既靠近大学校园，又邻近多个社区，可以保证充足的客源。经过精心设计，刘源的影吧装修得简单大方，十分凸显时尚感。他在影吧里张贴了一些电影招贴画，摆放了几本影视报刊，营造出特别的影院气氛。他又从正规音像批发市场进了一些影视大片和音像制品。一切准备就绪之后，刘源一次性从深圳的厂家订购了20台"眼镜影院"，整个影吧的投资不到4万元人民币。令刘源没有想到的是，自影吧开业起，生意天天红火，每天的营业收入都在六七百元左右，扣除每天的费用支出100多元，每个月的纯利润都在15000元以上，不到3个月的时间就收回了投资。

现在，刘源正在筹划再开两家"眼镜影院"影吧，搞连锁经营，让更多的消费者体验到科技带来的时尚和神奇。另外，刘源发现了"眼镜影院"更多的市场空白点：由于它超强的隐秘性，歌厅、茶馆、桑拿房、足浴城、休闲屋都可以用它来提高服务档次、吸引人气、增加收入，老板一个月就能收回设备投资；可以在长途汽车、火车上及医院病房里出租，极受欢迎；可以装在小轿车里做"隐形车载影院"，深受有车一族的喜爱；在教学领域，可提供给中学生、大学生用来学英语，可视可听，互不干扰，极大地提高了学习效率；还可以作为时尚数码礼品，做会议礼品或者送给有身份的人等。市场真是太大了！于是，刘源以影吧为基础，招了一些业务员，顺藤摸瓜开发了以上市场，没想到每个月做销售赚的钱比开影吧赚的钱还要多几倍！

刘源不仅靠"眼镜影院"赚了钱，也改变了他的生活状态。目前，他所有的生意都已经雇人打理，而刘源自己呢，正在自由自在地享受着"眼镜影院"给他带来的快乐时光。

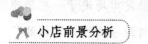 小店前景分析

电影是大多数都市人喜爱的娱乐形式，但是由于现代人的生活节奏过快，到电影院看电影成了一项奢侈的活动，VCD、DVD等又缺乏影院的效果，许多人对此表示很无奈。

眼镜影院的出现正好填补了这项空白。因它同时拥有影院

 就想开一家自己的小店又赚钱

的震撼效果和影碟机的随心所欲，并兼具私密性和便携性，再加上其时尚的外观，无疑会受到广大消费者的青睐。无论是在悠闲的洗浴中心、美容院，还是在奔驰的列车、拥挤的公交车上，或是在广阔的野外，都可以发挥它独特的优势，市场前景极为广阔。

清华女生开桌游店，既赚钱又赚人气

要说现在年轻人最流行玩儿什么？答案是桌游。从 2008 年左右开始，桌游在北京大热，桌游吧也遍地开花，据说现在已经有近百家。

🎁 **小店成功案例**

"桌游"是桌面游戏的简称，就是玩家们面对面围坐在桌子旁，用卡牌、版图等道具按照特定规则进行的游戏。从广义上讲，扑克牌与棋类都算是桌游，它最初发源于德国，在欧美已风行几十年。

如今北京的桌游吧，经营特色不一，生意也有好有坏。清华大学门口有一家颇有特色的桌游吧，老板是两个年轻的"80 后"女孩，都是毕业于清华的学生，其中还有一位是博士。她们坚称："开店只为兴趣，不为赚钱。"然而就是这种发自内心的兴趣，最终在她们周围聚集了一大批玩家高手，也使这家小店成为海淀大学区人气很高的桌游吧。

这家开在清华东门的名为"五道口一刻馆"的桌游吧不久前刚刚办完他们的开业一周年店庆，两位老板雷拉和离离兴奋地推出了一系列优惠活动，并在自己小店的网站上狂呼口号："桌游拉近你我，欢乐消除隔阂，从今天起，给你不插电的快乐……"

雷拉毕业于清华美院服装设计专业，如今在一家服装公司工作，开桌游吧则是工作之外的兴趣。桌游刚刚进入中国时，清华大学是最早开始玩儿桌游的地方，后来桌游甚至成了清华学生娱乐活动的一个"传统"，从这个圈子里走出了很多桌游高手，包括做"三国杀"的离离。因为受这个圈子的熏陶，也因为对桌游的热爱，两个女孩决定开一家自己的桌游吧。

那时候两位老板刚毕业不久，走出学校进入社会，发现身边的朋友在不断流散，熟悉的圈子也在渐渐消失，大家都很忙，难得一聚，作为在北京工作的外地女孩，生活其实是很寂寞的。她们就想通过桌游搞一个朋友据点，形成一个社交团体，留住老朋友，结交新朋友，让有兴趣的人可以聚在一起，毕竟生活中不光只有工作。

这家开在清华大学门口的小店注定和清华有着千丝万缕的联系。她们能开起这家店，也多亏了校友的帮忙，会员群体中清华学生也占相当大一部分，因而这里简直可以算是清华的一

就想开一家自己的小店
又赚钱

个校外社团。当初，一位师兄正好在学校东门有套空房，大约有120多平方米，就以很优惠的价格租给了她们。她们进行了简单的装修，置办了沙发、桌椅，隔出了两个包间，总共可以容纳五六十人，花费不多，但是装饰得简洁、随意，很有年轻人的格调。两人当初的开店成本大约在20万元，除了半年的房租算是大项开销，其中最大的投入就是购进了很多原版的国外桌游。

外国原版桌游一套价格都要五六百元，她们的店里目前有200多套，这在桌游吧里算是相当高的配置了，光这一项就投入了10多万元，但是只有这样才能吸引住比较专业的玩家。来她们店里的客人很大一部分是附近高校的学生和原来桌游圈子里的朋友，不少人都是高手，还有人是专业或者兼职做桌游的，他们会把自己研制的原创桌游拿来做测试或者让大家试玩儿。每逢这时，雷拉和离离就会呼朋唤友，召集会员一起为新游戏出谋划策。学美术的雷拉还会帮助绘制游戏牌卡，总之，这里有相当浓厚的桌游"研讨"气氛。不断推出的新游戏对于热衷此道的桌游迷来说具有相当大的吸引力，而这也是她们的经营诀窍之一。

谈起小店为什么能在一年中就聚集起了相当高的人气，除了依托清华的资源之外，雷拉坦言："现在开桌游吧的人越来越多，其实游戏都差不多，价格也是透明的，关键还是要做出自己的特色，要不然就是死路一条。"

至于"一刻馆"的最大特色，雷拉认为她们和别家最大的不同就是从老板到讲解员都是"80"、"90"后的女孩子，这在以男性顾客为主体的桌游群体中确实有很大的亲和力。店里请了七八位讲解员，有不少都是勤工俭学的学生，还有兼职帮忙的朋友，别看年龄不大，但都是玩桌游的行家，而且都有着不俗的学历，本科生那是最低的。她们讲解起来非常耐心、周到，服务也很细致，本身的高素质自然吸引了不少来自高校的会员。

"一刻馆"的另一大特色就是每周都有主题游戏或者活动，这些活动可以牢牢吸引固定的玩家。雷拉说，她们把这种游戏叫作"跑团"，由于桌游吧都是平时冷清周末热闹，所以她们就在人比较少的周二、周四"跑团"。"跑团"也就是"真人角色扮演游戏"，一群人各自扮演自己的角色一起去完成一项任务。喜欢的玩家现在已经有了固定的群体，每次必到，所以店里平时也基本可以客满。

因为喜欢桌游，也因为喜欢和朋友们聚在一起，所以两位老板一定会把这个店好好做下去。她们下一步的目标就是充分利用圈子中的专业力量，推出自己的原创桌游，推广到更大的市场中去，这样玩家就可以在梦寐以求的中国故事中扮演自己的角色了。

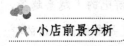

小店前景分析

随着桌游的普及和发展，会越来越广泛地走向大众，成为人

就想开一家自己的小店
又赚钱

们生活中不可缺少的娱乐文化项目，桌游店也会得益于此。玩儿桌游是一种缓解工作压力的好方法，平时上班压力大，下班后大家一起来玩玩儿，从游戏中互相交流和取乐，不但缓解了紧张的工作压力，也能增进友谊。一份最新数据显示：2010 年的 1 ~ 5 月份，各地"桌面游戏"的搜索排名大幅攀升。其中，上海作为引领消费时尚的城市，"桌面游戏"在前 5 个月的搜索量超过了44000 次。据了解，大众点评网上仅上海就已经有 102 家桌面游戏商户，已有 15 家商户进行了电子优惠券推广，火爆程度正在超越"网游"。

要开一家桌游吧，前期投资动辄几万、十几万元，其中最主要的投资是游戏道具和房租。以一家普通规模的桌游吧为例，光购置相对便宜的卡牌游戏就得投入十几万元。如果想做得规模更大，光购置游戏就要花费数十万元。全球的桌游有数千款，在北京风行的也有上百款之多。按照玩法分类，角色扮演类的有《三国杀》，手牌规划类的有《乌诺》，交易建设类的有《卡坦岛》，区域控制类的有《卡卡颂》，拍卖竞价类的有《现代艺术》，骰子类的有《马尼拉》，等等。游戏不同，道具也不同，最便宜的自然是卡牌类，一副卡牌价格从 5 元到 500 元不等。而大型桌游排兵布阵需要的道具大多是进口的，价格从百余元到上千元不等，有些极品还能达到数千元。

经营一家桌游吧，你要做好心理准备，因为桌游吧一般在周一、周二没多少生意，周三到周日晚上才有客人上门。桌游店都是按小时收费的，但如果按照一周要闲两天多的架势，场租费显然不能满足每个月的花费。于是，卖饮料和食品也可以成为桌游吧重要的收入来源。

第七章

开一家文化用品店

——你的品位就是你的赚钱法宝

开一家有特色的休闲书吧

书店比比皆是，要想在这个竞争激烈的市场中脱颖而出，就要求新、求变，在附加服务等方面多做文章。

🎁 **小店成功案例**

在广州时代广场5楼，经过由桌椅、花碟铺呈的家居走廊后，有一个可以看看书、喝喝咖啡、歇歇脚的地方，称为"联邦咖啡书屋"。

"联邦咖啡书屋"中的图书总量不算多，仅有1000余册，以设计、旅游、摄影等时尚生活类图书杂志为主，除了售书和租书之外，还提供咖啡与茶的配套服务，特别是还有很专业的咖啡器具可以选购。"联邦咖啡书屋"有"商务晴港、白领天地"之称，一到下午，就经常有设计沙龙在此举行。

"联邦咖啡书屋"集图书馆、书店、茶馆的功能于一身，人们可以在喝茶、聊天的时候翻一翻时尚杂志或者流行小说，在舒缓的音乐中忘记工作的疲劳和学习的压力，放松身心，同时也是小资白领们交流、聚会的好地方。"联邦咖啡书屋"虽然开业不到两年，但是经营情况非常好，除了收回初期投资之外，已经盈

就想开一家自己的小店又赚钱

利 10 万元有余。

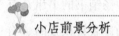 **小店前景分析**

　　开个休闲书吧不需要太大的投入，门面面积在 20 ~ 40 平方米即可，因为消费者以学生和白领为主，服务价格不宜过高，同时租金也不要过高，最好选择在文化气氛比较浓厚的大学区或商业区周围。以长沙为例，在大学附近租一个 30 平方米左右的门面房，租金大概 6 万元一年。书吧装修应以简洁、明快为主，可以饰以名画等文化气息比较浓厚的饰品，体现安静、休闲的风格。店面装修大概在两万元左右。此外，购买图书杂志及茶具、

食品、饮料等支出大概花费 1 万元，加上办理执照等费用，总共投入 8 万元左右即可开张营业。

在突出书店的个性方面，可以学习广州的"学而优书店"，这家书店无疑是个性书店的一面旗手，以其"学而优，可以仕，可以商，可以深入治学，可以自在悠游……"的信条而广受关注。"学而优"有两家店，新店和旧店都在中山大学附近，店门口经常十分热闹。画展、考研现场咨询通报、新书海报等林立，常常有一种十分热烈的气氛。

书吧的特色必须要在服务中体现出来，比如，在提供饮料、水果、点心等收费服务的同时，每位读者只收取 10 元左右的费用，还可以为读者提供预售书、订阅等服务。读者在翻看书籍之余，一定会有一些书想带回去细细阅读，因此看好了再买，不仅可以让读者买到最满意的书，还节省了他们的开支，也为书吧培养了潜在客户。此外，书吧最好及时收集各种畅销书的书讯，有条件的话可以自己编制一个畅销书排行榜，为读者提供及时、有用的信息。

为了培养稳定的客户群，大多数书吧都有会员制服务，可以推出读者会员卡，持有读者会员卡可以享受 8 折优惠，可以在保持书刊整洁的同时免费借阅图书，或者在年底享受相应的赠阅优惠等。

需要注意的是，书籍不同于食品、日用品的销售，店主如没有一定的文化知识水平将难以胜任。目前，国内各大高校附近书店林立，但真正经营好的却非常少。原因有几个方面，其中一个便是很多书店没有品牌和特色经营的意识，各个门类的书籍都有，但是各个门类又都不精、不全，与其他书店相比没有任何特色可言。其次，便是缺乏文化气息。买书的人看重的不只是书籍本身，还有书店的气氛及附加服务。如果书店没有特殊的服务，比如文化交流、名人座谈等吸引人气的活动，价格上又没有优势，就很难做得很出众。

手绘图书专卖，一炮走红

手绘本图书带着浓厚的原创味道，利用艺术画的形式讲述情节简单的故事。在欧美各国，2005 年以后，手绘本图书开始流行。

🎁 小店成功案例

在上海普陀区的常德路上，有沪上首家专业儿童绘本书店——"绘本大巴"。开业仅 3 个月，"绘本大巴"就已经发展了 500 名会员。

在绿树掩映中，"绘本大巴"店并不醒目，甚至有点儿不起眼。推门而入，窗明几净的店堂内井井有条地陈列着色彩鲜艳的儿童绘本。据"绘本大巴"的市场经理杨先生介绍，这里的儿童绘本现有 800 种之多，很快这一数字会增加到 1200 种。

在"绘本大巴"儿童书屋，主要经营中、外精品儿童绘本，其中不仅有国内优秀的绘本作品，更有来自日本、英国、美国，以及我国台湾地区的经典绘本，很多都是海外的获奖书、畅销书。此外还有一小部分是亲子、儿童科普、儿童手工、儿童绘画等各类精品童书。由于是专门书店，汇集了蒲蒲兰绘本馆、爱心树绘本馆、启发绘本、海豚绘本、信谊绘本等国内优秀的童书绘本品牌，同时也汇聚了少年儿童出版社、21 世纪出版社、明天出版社等优秀少儿出版社出版的精品童书。

由于孩子对文字没有概念，但是容易受到颜色刺激，因此绘本书更容易引起孩子的读书兴趣，可以通过图画读懂故事。

目前"绘本大巴"的主要客户是 30 岁左右的年轻妈妈，她们对新鲜事物接受得较快，而孩子则以 0 ~ 10 岁这一年龄段为主。另外，幼儿园、幼教机构、图书馆则是"绘本大巴"的批发客户。其实，目前儿童绘本的阅读群并不仅仅只有儿童，很多大、中学生包括成人也都非常喜欢阅读绘本，甚至有不少成年人将优秀绘本作为收藏。

"绘本大巴"儿童书店的老板杨先生在调查过国内的市场之后，发现国内的家长对于低龄儿童的教育依然停留在强调知识性和技能性的培养上，对于艺术欣赏和情操培育则比较淡漠。在日常的家庭教育中，中国的家长仍习惯强调"不能做什么"，而国

就想开一家自己的小店
又赚钱

外的家长很少提出类似的限制性要求，更多的是通过鼓励的方式来引导孩子的成长，这恰恰是绘本所擅长表达的内容。所以在他看来，绘本在国内还是一个相对空白的领域，在未来将会是一种文化潮流和发展趋势。

针对这种市场需求，他在 2007 年年底创办了上海首家儿童绘本书店。杨先生想把这里作为一个基地，将大量的优秀绘本集中起来。现在的家长工作都非常忙碌，通过这样的努力，把适合儿童阅读的书籍挑选出来，就能节省爸爸、妈妈的挑选时间。

现在的年轻家长基本上都是 20 世纪七八十年代出生的，他们是网民的主力人群之一，平常也愿意通过论坛来关注和交流育儿或其他方面的信息，是一些网上育儿吧的主要光顾者，因此只要宣传到位，绘本的消费观念、教育理念及本身的价格都更容易为这一群体所接受。为此，"绘本大巴"儿童书店特意制作了网站并在淘宝网上设立了网络销售平台。

"绘本大巴"实行的是会员制销售模式，买书即可成为会员，普通会员可以享受 8.5 折优惠，消费累积满 500 元以上即可以享受 VIP 会员待遇，消费享受 8 折优惠。

因为绘本的最终使用者仍是孩子，所以书店很注重与孩子们的互动。在店堂内设立了专门的活动区域，安装了适合孩子们使用的小型桌椅、板凳，以及软性材料的地板，既方便孩子们阅读和玩耍，也能为父母与孩子的亲子交流提供足够的空间。同时店里还会定期举办故事会，把生动而富有教育意义的绘本故事讲述给孩子们听。

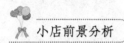

小店前景分析

绘本其实就是儿童图画书，"绘本"是日本人的叫法，欧美叫作"picturebook"，它是一种文与图结合的特有出版形式，是用再创造的方法把语言和绘画两种艺术完美结合，表现为书这种特殊的物质载体形式。与一般的插画图书相比，它最显著的特点是，图画本身即具有很强的叙事能力。

绘本书的特色是，目前中国原创的较少，大部分为从欧美和日本引进，需要购买版权，因此绘本书的价格相对较高，一般一本的价格在20～25元。绘本书本身的特色有两个：一是开本大，容易吸引孩子，且阅读不易疲劳；二是印刷讲究，考虑到儿童的阅读安全，材料选择涉及纸张、颜色、气味等方方面面。

儿童绘本不仅能给孩子们带来难以想象的快乐，而且美文、美图蕴含的真情真理，也能起到寓教于乐的良好效果。伴随着家长对儿童教育理念的升级，从欧美和日本引进儿童绘本的商业空间和机会也会逐渐增大。其实，孩子是喜欢看书的，因为书里头有好多精彩绝伦的故事，那是一个多彩多姿的迷人世界。而且，家长也愿意让孩子进入一个彩色的绘本世界，凭直觉认知、思考与想象。

开一家绘本书店的前期投资主要为首批存货和首期房租。对

就想开一家自己的小店
又赚钱

于相对专业的特色书籍而言，开始书目会相对有限，购置费用约在 10 万元左右。书店若包括营业区域、办公区域及仓储区域大概需要 50 平方米，如果作为单一的特色书店经营场所，则并不需要这么大的面积，一般而言，有 30 平方米以上即可。对于特色书店而言，以上这些费用相对明朗且有限，一旦为树立品牌扩大渠道等加大投入，如建立网站、组建服务团队，等等，这些费用则会不可估计，且有可能会超过前期的投入。

选址方面，在考虑客流的同时要避免过于嘈杂的区域，一般而言，大型且成熟的社区、商务楼集中的区域都是主要选择范围。考虑到儿童读者这一特殊的客户群，可以考虑选在一些早教机构、母婴用品商店、学校，以及儿童游乐场所附近，更有利于接近低幼儿童及家长。

从儿童绘本已经发展得相当成熟的日本市场来看，在那里也不是一下子就热起来的，也有一个比较漫长的培育过程。日本白杨社及一些国内的出版者也通过办故事会等形式，来拉近家长和孩子与绘本间的距离以培育读者。因此经营者可以效仿，办故事会之初由老师讲故事，后期让孩子成为主角，既培养孩子的阅读兴趣，也让家长看到成效。

用文化理念来经营普洱茶茶庄

对于茶这种文化内涵颇高的商品来说，如果选择用文化理念去经营，那么定能吸引更多人的目光。

🎁 **小店成功案例**

张雅丽的普洱茶茶庄开在她家附近，因为装修得特别古朴，与周围现代化的建筑反差很大，所以特别能引起人们的注意，大多数人虽然是怀揣着好奇心走进她的茶庄的，并没有买茶的心思，但是对各种各样质朴中透着奢华的包装却很感兴趣。请客人品茶是一般茶庄都会做的事儿，也没有什么特别，但是，在古香

就想开一家自己的小店
又赚钱

古色的茶庄里，美丽的女老板加上精湛的茶艺，不得不说是一道优美的风景。

让很多人没有想到的是，老板紧接着开始讲普洱茶的来龙去脉和文化内涵，这让人们开始觉得她与众不同。卖产品是每个商人的天职，传播商品的文化内涵，却不是每个商人都会有耐心去做的。这种经营之道，对于茶这样文化内涵颇高的商品来说，很匹配。

张雅丽是从一个消费者变成一个经营者的。她是在云南工作时开始迷恋普洱茶的，第一次喝普洱茶时，她就知道自己找对了茶。回到新疆后，她告诉自己要从事一项自己喜欢的工作，她选择了经营普洱茶。对于她这种衣食无忧的女性来说，经营一个茶庄，不仅是为了赚钱，每天与自己喜欢的普洱茶打交道，卖茶、传播茶文化，然后以茶会友，人生的乐趣就在于此。她的茶庄没有卖过那种天价普洱茶，同样，她的茶庄也没有因为普洱茶价格的暴跌而低价甩卖，一直维持在一个很平稳的价位。

开这个茶庄，张雅丽可没少费功夫，为了能更好地体现普洱茶的文化内涵，她专门将两个茶艺师送到云南去学习普洱茶的知识。在茶叶的包装上，她也是精挑细选，以让每一块普洱茶看起来都像一件工艺品。她的茶庄还有很多印刷精美的小册子，专门用来介绍普洱茶的茶文化。

她用40岁的女子来形容普洱茶，她说："好的陈年普洱茶就好比一个底蕴深厚的40岁女子，在经历了很多的人情世故之后，经过了时间的打磨，有了积累，有了对生活、情感的沉淀，也就有了自己独特的风韵，她的好不再是一望而知的表象，而是需要慢慢地去品味。普洱茶也是一样，越陈越香醇，需要用味觉、嗅觉等细细体会，用心去感受。"

可能也正是有着这样的心境，张雅丽才会把传播茶文化的理念在普洱茶的经营上用得这样纯熟。

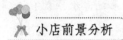 小店前景分析

普洱茶的茶质优良，具有叶质柔软、浓绿，芽头壮实、白毫显露等特点，冲泡饮用时色泽乌润、香气馥郁、汤色明亮、醇厚回甘、毛尖清香如荷、新绿可爱，内质外形兼优，不仅具有一般茶叶解渴、提神、明目、解腻的作用，还具有消食、化痰、利尿、解毒、减肥等功效。

历史上，由于普洱一带交通不便，运输主要是靠马帮。为了便于运输，普洱茶多制成团、砖、饼等形状的紧茶。经千里之遥运输，途中要经热湿乃至寒冷各地段，茶内的茶多酚促其氧化自然发酵，茶叶变成黑色，味有陈香，有别于其他茶叶，别具特色。此外，这一区域栽植的茶树由于是大叶种茶，嫩芽有显著的白色细毛，故所制毛尖略呈银白色，所制红茶色浓味厚，无印度茶、锡兰茶之辛涩味，颇合欧美人之饮茶习惯。在一些地区的茶树还因与樟树混作，故在品质上又另具特点，与酥油极易混合，因而又特别受到藏族人民的欢迎，市场前景非常广阔。

就想开一家自己的小店
又赚钱

开一家文具用品店，用品质铸就事业

在文具用品行业要想淘到金，找好货源和巧妙营销起着关键性作用。

辉瑞和朋友合作开了一家文具店。选址就在市中心，周围有办公区和学校。刚开始时，有可能是客人都不知道的原因，生意很淡，3个月后才终于有了起色。正当他们高兴的时候，旁边又开了两家文具店，很快客人们都不来他们这里买东西了。经过了解之后，才知道旁边文具店的文具比他们的便宜些。于是，辉瑞和朋友开始在进货渠道上找原因。原来批发商看他们是新手，给的批发价高很多。于是，他们又马上寻找新的进货渠道。

接下来，辉瑞和朋友打出了降价的口号，这样一来，人流量多了一些。但是好景不长，旁边两家店也进行了大降价，而且比辉瑞的还便宜。辉瑞和朋友就想：不能再这样下去了，否则大家会两败俱伤。看来必须细分市场了，于是，辉瑞和朋友放弃了学生的生意，专门做写字楼的生意，因为白领对价格高低不那么敏感，而且帮单位买东西，也不太讲价，再说办公用品的消耗量也很大。

通过研究，辉瑞和朋友制订了计划，凡是单位采购的，发给积分卡，根据积分可以按季度换取好又多超市的购物卡，这样一来采购人员既得到了实惠，又不会有吃回扣的嫌疑。

接下来，辉瑞和朋友就打印了一些传单，亲自去周边的写字楼里面，准备挨家挨户派送。可是，刚刚开始就被保安发现了，给赶了出来。他们又招聘了两个业务员，让他们按照黄页给附近的公司打电话，可是多数人一听到是推销的，连你卖的是什么产品都不想知道就挂了。业务员就这样打了两天的电话，由于工作上的挫折感太深辞职走了。这时，一个做报刊发行的同学给了辉瑞他们一个网络传真平台的账号，让他们发传真给写字楼里的公司。按照同学教的办法，辉瑞他们开始把自己的促销积分计划宣传资料传真给周围的公司和单位。后来，不但附近的，连稍微远一点儿的公司都到他们这里来买东西了，每天送打印纸的车都要派好多次。

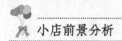 小店前景分析

这一行生意并不是很难做，只要在开业前考虑好如何定位，也就是说，要决定经营的方向是以办公用品为中心，还是以文具类的商品为中心。如果是以办公用品为中心，店铺的位置就要选择在公司或事业机构集中的地方。

一家文具店想要生存下去，商品质量是最重要的，它决定着销量的大小。目前，消费者对文具用品的购买还处于功能导向阶

就想开一家自己的小店
又赚钱

段，学生和办公室人员是主要的消费群体，他们一般对货物的质量和款式十分挑剔。

学生是文具店的主要顾客群，由于学生思维活跃，猎奇性强，接受新生事物较快，而且使用文具的频率也高，一般都追求最新的款式和最好的质量，因此只有两者结合才是最畅销的文具。

此外，在经销办公用品时，为了适应市场需要，要准确把握办公用品最新的消费动向，这样才便于寻找目标，及时地调整自己的经营方针和策略。

以文具销售为中心的店铺，营销范围当然更广泛了。因为没有哪个办公处所、商店之类的地方不使用钢笔、圆珠笔、签字笔或者其他文具的，但如果能成功吸引这些顾客，或者能把店铺开到那些地方去的话，建议还是以经营办公用品为主较为合适，因为经营办公用品比经营文具的利润要高。如果是做专门的文具生意，还是要以学校或家庭为主要对象。

现如今在任何学校附近都可能有一到两家文具店，要想再做这行生意，就要做好和别人竞争的准备，详细地调查情况，周密地制定自己的经营对策。

值得注意的是，在进货时都要考虑到学校消耗文具的时令性，如在新学期开始前，货源要十分充足。还有，在经营的同时要多和学校、公司等进行联系，积极推销新商品，争取让他们多订货。

对于文具行业，损耗是成本控制方面一个比较大的问题。由于不断有新款文具面世冲击市场，一种文具如果在货架上摆上一两周还卖不出去，就可能再也卖不出去了。据业内人士估计，现在整个行业的平均压货率达10%以上，即使是控制得好，生意比较兴旺的店，损耗率也有2%~3%。

较高的损耗率决定着整个行业必须采取有效的手段进行促销。有的店开展打折销售，有的店实行"买一送一"，有的店针对学生等消费者推出团购业务……据业内人士透露，目前最有效的促销手段是会员制，针对会员，店家可以通过开展种种活动，拉近彼此之间的距离，而积分打折，则更是让一些消费者欲罢不能。会员制能使易变的商家与消费者的关系更加紧密，让买卖关系趋于长期化。

体育用品店的特色经营

随着"全民运动"的观念越来越深入民心，体育用品已经成为市民日常消费的必需品。开一家具有经营特色的体育用品店正当时。

🎁 小店成功案例

33岁的陈锡俊是温州人，2001年和妻子一起来到宁波，在

就想开一家自己的小店
又赚钱

鼓楼开了一家小小的体育用品店。起初由于店铺位置较偏，人流量不大，加上店里的商品多而杂，没有特色，生意很清淡。维持了一段时间后，陈锡俊把店面迁到了府桥街路口，人流量是多了，可是附近有好几家更大的体育用品店，陈锡俊的生意依然平平。

细心观察了周边几个体育用品店后，陈锡俊发现凡是生意较好的店都有自己的特色产品，比如有的店的篮球销量居宁波第一，有的店以销售网球拍、羽毛球拍为主。于是，他开始考虑自己的店是否也要脱离全而杂的模式，主打某一拳头产品。

2003年，陈锡俊去上海参加了一个国际体育产品博览会，看到了一个自己从来没见过的新产品——单排轮滑鞋。陈锡俊认为，虽然南方缺乏北方滑真冰的条件，但滑旱冰也是一个较好的替代，而且这一运动适用的人群较广，因此认定这种单排轮滑鞋就是自己一直要找的特色产品。

生产商告诉他，目前公司在浙江省只在杭州有一个代理商，如果他想做宁波的独家代理，每年必须达到厂方规定的销售量，此外在付款方式上还必须预先全额打入货款，没有卖光的鞋子不能退货。面对这些苛刻的条件，陈锡俊经再三考虑后还是与厂方签订了协议。

从上海回来的第二个月，陈锡俊向生产商汇去1万多元的货款，进了40多双单排轮滑鞋。鞋子被摆在了店里最醒目的位置，可是当时宁波玩儿轮滑的人寥寥无几，半个月过去了，陈锡俊一双鞋都没卖出去。

不过，这半个月陈锡俊也没闲着，他从网上下载了很多关于轮滑的视频，开始了自学轮滑。由于以前从来没玩过，一开始他可是摔了不少跤。当时陈锡俊不光自己学，还带着1岁多的女儿楚楚学。去广场练习的第一天，楚楚穿着儿童轮滑鞋，在广场上蹒跚滑行的情景吸引了许多人的注意，不少人被可爱的孩子逗乐了。有个报社的摄影记者当时正好经过广场，第二天，楚楚穿着轮滑鞋在广场上滑行的照片就见报了。

　　过了没几天，一位女士带着上幼儿园的儿子找到了陈锡俊的店，指名要买楚楚穿的那种轮滑鞋。该女士告诉陈锡俊，她在广场上看到了楚楚玩轮滑的场面，觉得才1岁多的女孩都能玩儿，自己的儿子应该也能玩儿。这件事情给了他很大启发，让他意识到示范推广的重要性，要想自己的轮滑鞋能卖得好，全靠示范推广。

　　从那之后，陈锡俊开始有意识地带着女儿经常去中山广场玩轮滑，一旦遇到感兴趣的市民，陈锡俊就掏出自己的名片，邀请对方去自己的店里逛一逛。2004年6月，有位世界轮滑冠军到宁波参加一个商务活动，得知消息的陈锡俊通过朋友把这位世界轮滑冠军邀请到中山广场，组织宁波当地的轮滑爱好者与其进行现场交流。由于对方是世界轮滑冠军，玩儿的又是当时很少见的轮滑，因此活动很快吸引了大批市民前来围观，许多人看了精彩的表演后很心动，事后专门到陈锡俊的店里购买了轮滑鞋。

　　一年过去了，陈锡俊勉强达到了厂方规定的销售量，仔细一算账，自己并没有赚多少钱，可是他却很有信心："通过第一年的示范推广，已初步让不少宁波市民了解了轮滑运动，只要市民接受了这项运动，产品的销路会越来越好。"为了更好地推广轮滑鞋，陈锡俊组织轮滑爱好者成立了宁波首个轮滑俱乐部，建立了网站和论坛，定期举办活动，还参加元旦长跑活动，轮滑俱乐部的成员穿着统一服装，举着旗帜滑行在长跑队伍的最前面。从2004年开始，陈锡俊还自掏腰包，每年举办轮滑邀请赛，每届比赛都有300多名选手参加，成为宁波地区规模最大的轮滑赛事。

通过种种努力，轮滑鞋的销量渐渐上去了。但许多家长又向陈锡俊反映，虽然买了鞋子，但是由于没有人教，自己的孩子练习轮滑的机会很少。于是陈锡俊又办起了轮滑培训班，并向前来买鞋的家长承诺，只要在他的店里买轮滑鞋，都可以参加有专业教练指导的培训班，直到教会孩子为止。

开一个体育用品店的门槛其实并不高。以陈锡俊的店为例，他目前的店面在府桥街，店面租金一年12万元，装修两万元，工商税务等费用一年大约5000元，陈锡俊说，这些基本就是开店的全部投资了，剩下的主要是用于进货的流动资金，大致保证在两三万元就可以了。

目前，陈锡俊的店面是批发加零售，以轮滑鞋和其他体育用品为主，每月的销售额平均为15万元，其中轮滑鞋和相关附件的销售额占了60％以上。轮滑鞋的毛利率可达25％，目前夫妻俩的年收入达到20万元。

随着人们生活水平的提高和业余时间的增多，从欧美发达国家引入的"泛运动"概念已经被越来越多的中国人所认可和接受。尤其是青年人和学生群体，已将运动视为一种时尚、健康的生活方式。据估算，在占据全国人口 1/5 的年轻人群体中，至少有 500 亿元的巨额市场。并且随着高质量生活的延伸，体育相关产业的市场容量还将稳步扩大。

据某国际知名咨询公司对中国 3000 余家体育用品专卖店和连锁店的市场调研与分析，这一行业的利润位居中国服务行业的前列。平均消费者回头率高达 75%，个别连锁店甚至创下了 95% 的佳绩。看来，体育用品的经营确实有望成为一个黄金产业。

和过去相比，眼下体育用品的种类异常丰富，出现了不断细化、专业化的趋势。一般来说，投资者可从两种路径来确定经营范围。

一是开设单一品牌的专卖店。例如，只经营耐克或阿迪达斯的产品。其全套商品可包括运动服装、鞋、袜、帽、包，以及各式运动配件和体育器材。

二是走多品牌道路。可同时经营多种运动品牌，甚至还可以兼营鳄鱼、诺帝卡等休闲品牌。同时，根据投资实力和经营方向，还可以适当地引进一些专业运动器材和户外运动产品。

开设一家体育用品店，尤其是主推国际顶级运动品牌的专卖店，投入的金额不会太少。首先是备货，一般按零售价格计算，首批进货量要达到 50 万元（实际支付的进货价格低于此数字）。其次是整体的店面装潢，包括器材货架、电话、收银设备等，花费约为十七八万元。最后是租金，这部分支出会根据选址的城市、区域、地段呈现出很大的差别。据估算，在江浙一带的小城市，一间 60 平方米（据了解，目前大部分品牌店面面积在 80 平方米以上，主力店 120 平方米）商铺的年租金少则十三四万元，多则 20 多万元。而上海地区，市区的店铺租金价格十分昂贵，即便在较为偏远的松江一带也要 20 万元左右。此外，投资者还需要备有几万元的流动资金。初步计算，总投资额应该在七八十万元之间。

体育用品专卖店的面积要视经营的商品范围，以及发展目标而定。规模可大可小，但一般而言，以 60 平方米以上的店铺面积为宜，即大约能占到两个门面。如此，才能显现出运动专卖店所具有的品牌形象。

尽管一些顶级品牌在国内的知名度并不小，不少年轻人对其新款产品也如数家珍，但是在目前的消费水平下，更多的人并不会考究到打篮球穿篮球鞋，打网球穿网球鞋。一般在选购商品时，考虑的主要因素还是品牌和外观，而不是功能。因此，在产品概念尚未推广到如此细化和深入的情况下，经营者更要重视品牌路线，并在销售中通过沟通，提高消费者对产品的认知能力。

体育用品店的人员方面一般需要 4 名店员（含 1 名店长）。

当然，具体人员配置应当按照实际客流量进行调整。自营体育用品专卖店的关键是觅到可靠、稳定的进货渠道，既要能保证货品的充足，也要做到货真价实，杜绝假冒伪劣商品。

对于没有相关行业经验、尚未达到一定规模的投资者来说，选择加盟一家发展较为成熟的体育用品连锁店，可能是更合理的投资手法。目前，不少顶级体育品牌在国内的经销商或合作伙伴，已发展成为颇具规模的体育用品连锁零售企业。加盟的好处是，通过总部的集中进货，门店可以较低的价格购进经营道具和产品，从而降低成本，保证货品品质。同时，总部良好的公众形象、知名度也能让消费者增添信任感。另外，加盟还可以得到开店位置评估、员工系统培训、统一广告宣传、参加期货订货等诸多帮助。当然，加盟方必须遵守总部的规章制度。比如打折促销手段，虽然是各店的自主行为，但是打折的幅度和额度也有一定的制约，一般上市 3 个月内的新品不能自行降价。

经营一个店铺，并不能简单地只看销售金额。在开店之前，要通过调查来明确主要的消费群体，并据此进行商品的组合。开始经营后，除了靠店员和消费者之间的直接沟通来了解客户需求之外，还必须分析和监控销售数据（借助系统管理软件做到及时了解库存），以把握销售热点和发展趋势，从而为准备下一季的进货提供可靠的信息。

就想开一家自己的小店
又赚钱

大受公司欢迎的办公用品速配店

在商务楼里开一家办公用品速配店，给白领们提供急需的物品，让处于快速的工作节奏下的白领们能够心无旁骛，不走出办公室就能得到充足的后勤保障，也必能获得不菲的回报。

🎁 小店成功案例

对于办公用品速配店的经营，来自北京的吴先生显得非常有心得。33岁的吴先生4年前从德国回来，在一家外企工作半年后，他一下子瞄准了国内商务市场服务的空白，于是办起了一家具有秘书性质的办公用品速配店。由于确实适应了写字楼内很多公司的实际需要，他的生意越来越红火。所以现在一提起商务服务，吴先生总是很兴奋，说国外的商务服务形式太多了，要把它们逐步地引进到中国来。

吴先生首先将办公用品摆到了写字楼的商务中心。与此同时，他还建立了自己的个人网站，在去各个办公室洽谈生意的同时可以进行自己网站的推广，使需要购买办公用品的客户能够轻松地在网上选购。此外，他与办公耗材的制造商也保持着密切的合作关系，把日常办公最需要的产品摆放到特设的写字楼商务中心的"办公耗材供应柜",客户一下楼就可以买到,或者在网上订了货可以立刻有人送到。由于吴先生有这样独一无二的展示柜,很多以往难以打入写字楼的办公产品,也可以通过网络和柜台进行展示,对产品推广很有好处。

此外,吴先生还提供了不少衍生服务。比如,对于一些新成立公司的年轻老板来说,开办公司需要的手续、财务记账、代理报税、法律咨询,包括找翻译公司、商务印刷等诸如此类琐碎的事儿,没有经验的公司往往很难应付。吴先生经营的这家小店在这些方面都有长期的合作伙伴,因此他把这些服务也放在了网上,为公司的日常营运提供综合的商务服务。

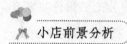 小店前景分析

经过市场调研,商务楼中的办公人员基本上都有抱怨,觉得要经常出去买东西很不方便,尤其是在急需的情况下。首先,对于在商务楼内设置专门的用品站,他们表示都非常欢迎。其次,市场上类似的业态基本没有。

这种店的店面面积不宜过大,应控制在 20 ~ 50 平方米为宜。速配店的老板与店员应有初步上网的能力、初级财会的能力及运货、送货的能力。每一个店由 3 ~ 5 人组成:店长 1 人,送货员 2 ~ 4 人。

就想开一家自己的小店
又赚钱

特色贺卡店

开一家特色贺卡店，为人们提供与众不同、独具特色的贺卡，为贺卡这一传统的礼物赋予一层新的意义，更能吸引消费者的目光。

🎁 小店成功案例

用"人小鬼机灵"来形容吴波，再贴切不过了。听到身高不到 1.5 米的她讲述自己仅用 60 元起步开店成功的故事，你会由衷地惊叹。

吴波是四川人，高中毕业后上了旅游学校。1997 年毕业后找工作时，许多单位嫌她个头矮而拒绝了她。亲友们急着帮她介绍会计、内勤等工作，"可是我只想做我自己喜欢的。"她说。从不为难自己的她，并没有急着找工作，而是背上背包，一个人到南通旅游去了。在逛商场时，柜台里热卖的韩国产卡片，引发了她的灵感，她想起在学校上学时，每到逢年过节时，她自制的贺卡就受到同学、老师的欢迎。

于是她一个电话打回家告诉父母："我要留在南通开店了。"一向开明的父母，这次也没有干涉她。她一个人跑到城郊接合部，要租用农民养牛的泥巴房。如此不讲究，倒让农民大叔、大婶惊诧了：房租多少，你看着给吧。后来，干脆就没要她的钱。她一会儿捡来几根树枝，一会儿采来一把野花儿，土泥屋转眼成了小花园。

房东被她的开心所感染，主动给她提供了自行车、台灯、桌子等用品。她打定主意：只用60元开店创业。她买来剪刀、彩纸、尺子、胶水等工具，一夜工夫就做了十几张样卡。第二天，当她把样卡放在南通最大的商场业务部桌上时，工作人员全都对她极富创意的贺卡爱不释手。

"在我眼里，什么都能入画。你看，这落叶用开水烫过，再用书夹干后，能一直绿着。好看吧？"说起这些，她就像女孩子穿上了公主裙一样，开心极了。"我就是喜欢跟着感觉走。一开心，就做什么都不累了，也很顺。"

她的机灵让她一路赢得欢迎和喝彩。贺卡上柜销售，要租用柜台。可是她既不想多花钱，又想有新意，于是就把蓝花床单做成了挂袋，再捡来两根树枝撑住，一个很有创意的"立体柜台"让商场管理者赞赏不已，只能"网开一面"。

几个通宵后，60元的开店费，变成了200张贺卡，一周内换来了1200元的"第一桶金"。一年后，南通所有大商场全都有她的贺卡，特好卖。

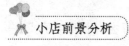 小店前景分析

年终岁尾，相较于其他的礼物，带有祝福味道的新年贺卡更

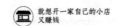

能为人们带来一份温馨之情。这些纸质的带有个人墨迹的祝福不只停留在亲朋好友间，它还穿行在各单位、各部门之间。

单位邮寄的贺卡图案内容不同于邮政局销售的贺卡，在这些贺卡上，印有各单位自己的徽标、标志性图案、热线电话、宣传主题和个性化祝福等。年关将近，送出一张具有单位特色的贺卡，为同行和合作伙伴送上一份小小的祝福，不失为一种交流感情、融洽关系的好办法。这也是在电子贺卡和手机短信引领新年祝福潮流的今天，传统贺卡仍有市场的缘故。电子贺卡虽然设计精美还有音乐，但大都是从网上转发的，其创意大同小异，没有什么新意，相较而言，寄一张有特色的贺卡，则更有意义。而每年过节，我们都会收到不少的新年祝福短信，有时会收到相同内容的数条，转发和下载的居多，从中体味不出一份温馨的友谊，而选择寄贺卡，写出一些发自内心的话语，这样更有意义。

随着经济社会的发展，贺卡还有较大的发展空间，关键是要在贺卡的内容和形式上不断推陈出新。

经营特色贺卡，一定要在"特色"二字上下功夫。

1. 贺年卡的设计要独特

不仅卡片的图案、色彩设计要有特色，而且卡片的内容也要有特殊意义。换句话说，店铺经营的贺卡要为顾客提供特别的需求，因而卡片的设计一定要别出心裁。例如，在新春佳节期间问候独生子女的，要求设计一款适合问候独生子女及其家长的贺年卡。这样，卡片的图案设计就要体现这一需要。卡片上可同时印上问候词或一两句关怀独生子女的语言，让独生子女及其家长一看就感到安慰。如在节假日需问候贫困山区孩子的，就要根据贫困山区孩子的特点来设计这张贺卡，使人们看到卡片就能理解其中的含义，也使贫困山区的孩子收到后，有一种特别的亲切感。

2. 价格适当提高

因每次的需求量一般不多，所以在收费方面可比普通贺卡贵一些，具体价格要进行核算才能确定。

3. 重视宣传工作

由于经营的卡片非同一般，一定要重视宣传。门面的装修要醒目，有特色，这样可以吸引有好奇心的顾客进店内观看。只要能将顾客留住，生意就成功一半。室内的色彩要明快，当然重要的是要摆设多种色彩斑斓、各具特色的贺卡，以供顾客参考。

4. 聘用专业人才

店铺要招聘懂美术设计的师傅，经营方式可为来料、来样加工，也可以根据顾客的需要特别设计。卡片质料不一定用纸，可以是塑料、木刻、光盘制的等。店铺不一定要经营成品，也可供应半成品，以便让顾客购买后再自行加工。

总之，店铺的经营方式一定要灵活，尽量满足顾客的不同需要。

这种店铺投资一般不大，只要租用一间 10 平方米的铺面就

就想开一家自己的小店
又赚钱

足够了。小店要购置美术设计必备的用具，还要购置彩色印刷设备，最好是前店后厂。前店接生意并进行设计，后厂用于印刷加工。也可以只负责设计，印刷加工工作与别的印刷厂合作，这样可节省投资。

需要注意的是，特色贺卡店由于光顾的顾客不一定多，因此，在经营方式上还可以同时经营一般的贺卡，当然主要还是经营特色贺卡，否则主次不分、喧宾夺主就名不副实了。

开间民间文化工艺品专卖店

当一种民间艺术品受到广大消费者的青睐时，它就蕴含着巨大的商业价值。开一家民间工艺品专卖店，只要你眼光独到，就不愁没有钱赚。

🎁 小店成功案例

蒋明的"青铜时代"前期投入了6万多元，主要包括商铺的租金和押金12000元、装修费10000元、首批货品40000元，以及其他费用。由于六运小区商铺的租金贵得吓人，从节约成本的角度考虑，蒋明选择了一个相对偏僻的小面积商铺，但顶手费却大大超出了蒋明的预算，于是他在装修费用上精打细算，只花了

10000元，比预期的费用减少了将近一半。

开张半年来，"青铜时代"的各项支出都比较平衡，没有太大的出入。商铺月租金4000元是固定不变的。货品成本在8000元左右，如果生意好的话，可能会超过10000元，运输费随着货品量而改变，一般在500元左右。加上税费等，每月的经营总成本在15000元左右。据蒋明统计，小店平均每天的人流量为100～150人次，周末会多些；平均每天实际购买力为5～8人次，营业额大约为800元，月毛收入约为20000元，纯利润在5000元以上。其中，鄠邑区农民画和青铜器卖得最好，基本上每天都能卖掉一两件。照"青铜时代"目前的发展趋势来看，利润前景非常乐观。

陕西民间工艺品在广州并不是没有卖的，只是东家卖一些，西家卖一些，没有专门的店铺。蒋明正是看准了这个市场空白点，才毅然放弃手头上的工作开始创业。由于陕西民间工艺品比较稀少，有些品种几近失传，商家总是高价出售，导致其成了"叫好不叫座"的商品。蒋明从推广陕西民间艺术的立场出发，实行中、低端的价格定位，并且在开张期间全部商品8.8折优惠。

"青铜时代"选址在广州人气最旺的商圈内的天河城南门的六运三街。六运三街的知名度和商业环境都非常适合经营陕西民间工艺品，即使是在一个偏僻的角落，每日人流量依然不小。而且逛六运三街的人大部分经济实力都比较好，不仅对民间工艺品有强烈的好奇心，还具有强大的购买力。蒋明在陕西专门负责进货，货源充足，货品质量过关；很多知名的民间艺术大师与"青铜时代"达成合作协议，部分作品只能在蒋明的小店里买到。蒋明自认为这是他的最大优势。目前，蒋明正在制定回头客优惠政策，比如，开金卡可以获得更多的优惠，带新客人来买东西将获得一些礼品等。

小店前景分析

中国民俗民间文化是传统文化的"活化石"，它们不仅是历史积淀的产物，更凝聚着劳动人民的智慧和创造力，它们扎根民间，时至今日依然洋溢着无限的生机和活力，并成为弥足珍贵的非物质文化遗产。在第五届西部文博会上，众多带有西部民俗特色的手工艺品，摇身一变成了抢手的文化产品，更借着文博会的平台收获了良好的经济效益，而许多展团对民俗文化产品的重视和成功推广的经验，更值得人们借鉴。

民间工艺品大多用于馈赠。由于它大都出自民间艺人之手，属于自产自销产品，所以消费也均在本地区，是过年过节、婚庆喜宴、庆典之日的一种增加喜庆氛围的装饰性手工艺品。但越是民族的越是世界的，由于民间工艺品具有强烈的民族特色，因此其在全国乃至全世界都有着很好的发展前景。

古玩收藏店大有赚头

一批又一批愿出高价甚至不惜代价收藏古玩的投资者，造就了古玩业的长盛不衰。古玩收藏成了市场中一个可能让你获取超额利润的行业，许多投资者正是看中了这一点，而想尽办法要开一间古玩店。

🎁 小店成功案例

浙江义乌市有一家古玩收藏品店，店里林林总总展示着各式各样的古玩工艺品，包括玉器、瓷器、铜器杂件、古字画、书籍、砚台、绣花产品、古老挂表、旧门窗、竹木雕刻、各种银圆，以及银饰品。这些让历史凝结成永恒的物像不但给人一种艺术享受，也让人仿佛看到了中国古老的历史。

店主方金汉开古玩店已经有30来年了。他说，当初自己的亲戚中就有人做古玩收藏这一行，在他们的带动下，他开始接触古玩收藏。最初古玩店里的古玩仅限于翡翠、银器、银圆之类，之后品种才不断增加。方金汉的古玩店没有店名，不过只要看看柜台上的那些物什，也能知晓这家店的特色。店面面积只有近20平方米，展示的物品多是明清时期流传下来的传世作品，最早的

就想开一家自己的小店
又赚钱

是唐初的。店里的收藏品出售价格不一，有1000多元的画，也有几元钱的钱币。

字画长期存放在柜橱里或者挂在墙上都不太好，最好是将所收藏的字画轮流挂，每个月换一次。瓷器比较脆弱，稍微不小心就容易磕碰，在展示珍贵瓷器时可以用透明尼龙线固定其上部，避免晃动摔倒。硬木家具不宜用湿布擦洗，可以用带有一点蜡的干抹布擦。珍贵的铜器最好存放在密封或者真空的玻璃柜里展示。邮票、剪纸、年画等纸制品长期暴露在光线和空气下会褪色发黄变脆，应该装册保存，等等。有时候他也发动亲朋好友去收集古玩收藏品。虽然现在店里已经有数百种古玩，不过方金汉还是感叹货太少。古玩店是集藏爱好者"淘"古董的地方，应该说店里最忠诚的顾客就是这些集藏爱好者。收藏是一种投资，但更是一种文化。方金汉认为，藏家购买或交换藏品的基础是志趣相投，因此古玩商品交换的基础是价值发现，但更是一种文化发现。

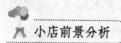

小店前景分析

改革开放以来，古玩业越来越红火，平均利润超过很多行业。深圳古玩城有近100家古玩店，年交易额至少达到3亿元。

收藏古玩肯定是要花钱的，小小的玉器挂件少则几百元，多则上万元，一块古瓷片也要几十元甚至上百元。古玩店通常是一只手进古玩，另一只手售古玩，这一进一出，利润高的可达数倍。国家对古玩交易没有价格的规定和限制，全凭买家对古玩的鉴赏能力和兴趣来定价。

投资古玩店利润高，却千万急不得。民间有句话说，古玩店是三年不开张，开张吃三年。有人说古玩经营一夜暴富，也只是指存货出手卖好价而已，但并非所有的古玩天天都有人愿意出高价买。

古玩店必须按国家的有关规定，集中统一在专业市场内经营，同时，经营现代工艺品的店铺，不能将工艺品作为古玩出售，否则就是欺诈行为。

古玩店明文规定，商户在经营古玩和现代工艺品时，必须向客户说明其是古玩，还是现代工艺品，出售的古玩要有鉴定标记，顾客在任何一家古玩店买的所有古玩，全部都要实行品质保证，如果顾客买到赝品，由出售古玩的店铺包退，如果出现多次出售假古玩的店铺，将收回经营权。

古玩是富有文化内涵的商品，经营者应该具有较高的传统文化修养和一定的鉴赏知识。如果由门外汉或学艺不深的人来经营古玩艺术品，一般的集藏者则不敢花高价购买这些"不知底细"的古董。开古玩收藏品店需要到各地淘古玩，在这过程中有可能会遇到赝品，这就要求店主有一双"火眼金睛"，能结合平时积累的知识判断真假。

第八章

开一家特色娱乐休闲店

——玩也可以玩出成功来

开一家电玩店，"模拟人生"中辟财路

每当暑假来临，除了各种夏令营、兴趣辅导班外，电子玩具也回到了孩子们的身边。找准时机，开一间电玩店也许是种不错的开店选择。

🎁 小店成功案例

25 岁的杨海涛在长江经济广播电台做广告业务员。忙碌而琐碎的业务工作让他觉得很憋闷，于是，想实现自我价值的他便萌生出了"自己出来做"的念头。

就在这时，命运之神向他招手了。2002 年 8 月，他在一家经常浏览的网站上看到，一款新推出的电玩产品正在寻找代理商。杨海涛从小喜欢玩电玩，对这一行非常了解。他认为这款产品前景不错，决定抓住这个机会。

同妻子商量后，杨海涛打算先从代理商做起。与厂商洽谈后，他和妻子就立刻行动起来。他们背着背包，奔走在武汉三镇，向各家电玩店推销产品。由于很多店主没有听说过这款产品，或者了解不多，杨海涛和妻子屡遭拒绝和冷落。但是夫妻俩毫不气馁，凭着一股不服输的韧劲儿，终于在半个月后卖出了第一件产品。回忆起做代理的日子，杨海涛觉得那时候虽然有些辛苦，但一想到是为自己做，就觉得没什么了。

2003年2月，杨海涛正式辞职，全身心投入自己的电玩事业中。同年3月15日，在华中电脑数码城一楼，他的"口袋电玩"店开张了。

有了固定的门面，杨海涛便琢磨起如何扩大知名度。他先买来电脑书，自己动手制作了一个网站，又在《游戏机实用技术》上连续刊登广告。同顾客打交道，杨海涛坚持"要做事，先做人"，尊重顾客，诚心诚意地和他们交朋友。武汉理工大学的郁老师是店里的常客，杨海涛常和他交流玩游戏的经验，两人成了无话不谈的朋友。

杨海涛的精心经营得到了回报。"口袋电玩"的毛利润从最初每个月1000元左右上升到了后来的近9000元。再后来杨海涛投资3万元，先后在华中电脑数码城和南极电脑城开办了两家分店。

小店前景分析

目前在我国至少有几千家电玩店，而随着就业问题的日益突出，越来越多的人选择了自主创业，而其中不乏游戏玩家，很多人便把创业项目锁定在了开电玩店上。对于电玩这个行业，市场前景又如何呢？

随着电脑的普及和模拟器的出现，以及价格逐渐透明化，对我国电玩行业产生了一定的影响，很多人也担心，做电玩还能赚钱吗？其实不然，电玩这个行业在我国才刚刚起步。

相信会有很多人持反驳的意见，因为从"小霸王"时代至今，我国电玩行业也算是有了近20年的历史了。但是，尽管其已经历了很长一段时间，然而据调查统计，我国有87%的电玩店尚处于零售及搭配零售的状态，在经营理念、货源渠道、进货方式等方面都存在着很大的问题，大多数电玩店的经营流于传统和保守，无法与国际电玩市场的经营接轨，很多店主也对这个行业不甚了解，缺乏专业的电玩维修技术，这些都造成了我国电玩行业发展的缓慢。而随着我国市场的不断开放，各类网站、杂志的宣传，以及人们消费意识的上升、对电玩认可度的增加和越来越多玩家的进入，产品不断更新换代，电玩行业其实已经开始呈现出大力发展的趋势。

至于模拟器的出现，一方面可以说是电玩玩家越来越多的产物，二来也不是我们需要担心的，因为模拟器远远不能做到模拟当今最新主机的能力，而随着主机机能的不断强大，模拟器更是望尘莫及，而像任天堂、索尼、微软这些公司，它们的主机已越来越多地搭载了各种普通电脑无法实现的功能，比如DS、wii及3DS。而功能的增多也促进了越来越多周边产品及服务的发展，正是这些周边产品及服务促进了电玩行业的利润。如果说不赚钱，那一定是你没有摸透其中的商机。

成人玩具吧，让童年时光倒流

时下都市生活的节奏不断加快，造成许多人的精神承受着巨大压力，很多人需要一种全新的精神调剂，而玩玩具就是一种较好的精神消遣。开一家成人玩具店，让倍感生活压力的成年人在体验玩具的乐趣中放松自己的神经，无疑会受到很多人欢迎。

🎁 小店成功案例

青海姑娘李亚楠瞅准机会，在上海开了一家"成人原创玩具吧"，生意一下子就火爆了起来，每月的利润高达5万元以上。

李亚楠出生在青海西宁市，2002年从上海一所技工学校毕业后，学电子专业的她却被安排到浦东一家电器生产企业的仓库，做了一名打包工。

一天，毕业于上海复旦大学、在一家著名软件公司做程序员的表哥来看望她。李亚楠见表哥西装革履、风度翩翩，不由得心生羡慕。谁知这位月薪7000多元的白领不但没有一点儿高兴的样子，反而皱着眉头说："小妹呀，你不知道我们的工作压力有多大，一天有十几个小时都坐在电脑前，每天的任务像一座大山压在肩上。唉！年纪轻轻都有肩周炎、颈椎病了，以后年纪大了，可怎么办啊……"表哥又诉说了办公室人际关系的复杂，以及老板的苛刻，李亚楠这才知道，看起来风光体面的白领，其实活得也很累。

表哥还回忆起小时候和李亚楠一起玩陀螺、折纸船的童年趣事，感叹地说："唉，真想现在也能开开心心地玩一回啊！"言者无心，听者有意。李亚楠心想，像表哥这样的白领一族在都市里并不少见，他们的工作压力太大，渴望放松，也渴望能重温童年的感觉，像个小孩子一样忘我地玩上那么一会儿。那么，专门给大人提供成人玩具，会不会是一条新鲜的生财之道呢？

想到这一点后，她赶紧到处搜索资料，果然发现，由于生活节奏快，职场和生存压力大，玩成人玩具在西方白领中早已十分盛行。人们都喜欢通过玩各种益智、挑战及娱乐性的玩具来放松自己，找回失去的笑声和童心。在日本和韩国，玩玩具的主体早已不仅仅是孩子，美国玩具公司每年40%以上的产品则是专门为白领设计制作的。而在我国，成年人的玩具消费基本属于一片空白。

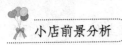 小店前景分析

在欧美一些国家，一个人玩玩具可以从0岁玩到100岁，在他们的文化中，玩具是生活的一部分。针对目前的形势及发展趋势，开一家成人玩具吧是切实可行的，它既可以丰富人们的业余生活，有益智功效，又能减轻工作压力，并且有投入资金较少、投资回报快、项目易于操作、经营效益稳定等诸多优势。

成人玩具吧可以为顾客提供各类成人玩具，可令顾客一玩儿就爱不释手、流连忘返。

这类店的经营地址应选择在写字楼或大专院校附近，可使您在开业初期便拥有较稳定的消费群体。除经营玩具外，还可以兼营茶、糕点等小吃，既方便了顾客，又可以增加收入。最后，还可以向周边的市、县销售成人玩具，也可以发展加盟连锁店，这样，你的生意有定会越来越红火。

开一家"混搭"玩具店

爱玩儿是每个人的天性，不管你是 1 岁还是 100 岁。青岛市的张玲玲和张丽丽就是一对爱玩儿的姐妹，因为爱玩儿，她们开了一个玩具店，在那里，从 1 岁到 100 岁的人都可以找到适合自己的玩具。

🎁 **小店成功案例**

张玲玲和张丽丽的魔术智力玩具店已经开了两家，分别在菜市一路和桑梓路。初次走进后，很容易被满屋子的玩具弄得眼花缭乱，从传统的魔方、九连环、孔明锁到各种棋类、拼图、魔术道具应有尽有，还有很多根本叫不上名字的，但却仍然忍不住拿

起来摆弄两下。

　　姐妹俩的第一家玩具店是 2001 年开的。当时她们都没有工作，就想一起开个小店，也没打算开得多么有特色。有了开店的想法后，姐妹俩突然想起了几年前在"广交会"上看到的各式各样的成人智力玩具非常有趣，她们俩本来就很喜欢琢磨事情，特别喜欢这种好玩儿的东西，于是就想着干脆开个玩具店吧！

　　刚开业时，姐妹俩就对小店的定位很准确，只卖成人系列的木制智力玩具。但是，当时青岛卖这种玩具的还很少，在很多人的印象中，玩具只是给孩子玩儿的，很多顾客进门看了一圈儿，说句"原来是卖木头的"就走了。在最初大半年的时间里，姐妹俩的玩具店都在赔本经营，整天坐在空空的店里没有顾客，急得两人都上火生病，但是想想房子已经租了，货已经进了，干脆再等等看吧。

　　慢慢地，姐妹俩发现，很多顾客都会询问有没有儿童玩具，

便想到进一些儿童玩具，也许能带动成人的一起卖；材料也不必局限于木质的，好玩的塑料玩具也可以卖，质量好就行……在慢慢摸索中，小店的顾客越来越多了。

卖智力玩具，姐妹俩总结出一个道理：自己玩儿得越好就卖得越好。所以，一方面是兴趣，一方面是工作需要，小店里进的智力玩具，姐妹俩都要先探个究竟。店里的玩具，姐妹俩差不多都能玩儿得十分在行。有的顾客是第一次来，不知道该选什么样的，她们先随便玩儿一个，就能将其吸引住。

为了琢磨这些玩具，姐妹俩可是费了不少脑子，但也有她们琢磨不出来的。张玲玲拿出一个孔明锁的"升级版"说："这个是新进的玩具，我们还没琢磨出来。不过，也有顾客来了会问：'有没有你们也玩儿不了的？'然后买走回家研究。"

开店时间长了，什么样的玩具适合什么样的人，姐妹俩都能做到心里有数。她们总是把自己认为最好的、最适合的推荐给顾客，如果单纯为了卖东西，去推销那些不好玩儿的，人家下次就不会来了。也有六七十岁的老年人来买智力玩具，往往开口便要"难度最大的"，但张玲玲认为难度大的如果玩儿一两个月不得法，就会打击人的积极性，便会哄着老人买那些中等难度的，既有探索研究的乐趣，也有挑战胜利的成功感。"帮顾客选择他最需要的"，就是凭着这条法则，两姐妹自开店以来，积累的回头客越来越多。

在众多的智力玩具中，张玲玲最喜欢的还是魔方，现在，她和妹妹都能在两分钟之内把魔方还原。张玲玲曾一直认为魔方非常非常难，自己不可能学会，但是去年暑假有个女孩来买魔方送给朋友，店里只有一个被打乱的，还原不了，女孩便走了。张玲玲很懊悔，觉得要是自己会还原，那天不就卖出去了？当天晚上，她从网上找到了魔方的口诀，开始对着电脑练习。到了深夜12点多，终于成功了，张玲玲兴奋得不得了。熟练了之后，只要是到店里买魔方的，姐妹俩都会免费教。

2009年的春节晚会火了刘谦，也火了魔术。姐妹俩的小店里，买魔术玩具的年轻人越来越多了。以前店里没有这么多的魔术玩具，买的人也大多是因为好奇，开始时她自己也是这样，买回魔术玩具后就想探个究竟，捅破了那层窗户纸后才发现是如此简单，感觉好像上当受骗了一样，所以张玲玲都不敢给顾客推荐魔术玩具，心虚，怕人家一旦弄明白了觉得不值这个钱。但是现在不一样了，很多人买魔术玩具是为了表演给同学、朋友看。姐妹俩也学会了很多小魔术，经常免费教给顾客。节假日的时候，小店里会站满了"学艺"的年轻人。玩具店的生意越来越好，姐妹俩也很高兴，不过让她们最高兴的，还是能把快乐带给更多的人。

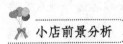 小店前景分析

玩具绝不是儿童的专利，不管年龄多大，只要你怀有一颗童心，那些益智玩具、卡通观赏玩具、多人合作棋类玩具、魔术玩具

就想开一家自己的小店
又赚钱

的吸引力依旧存在，只是不同的人群喜好不同罢了。青少年会对一些刚兴起的魔术类玩具、搞笑不伤人的玩具感兴趣；女孩子会对那些造型美观、可爱的摆设玩具爱不释手；年轻白领偏爱一些智力带休闲的玩具；成年人则对有益身心的益智玩具情有独钟。

物美价廉的货源是开混搭玩具店经营成功的关键，城堡积木、强手游戏、七巧板、3D 立体拼图等都是不错的商品选择。初涉该领域的创业者可以考虑通过加盟来降低风险，因为连锁加盟的差异化策略有利于创业者进行特色化经营。此外，开混搭玩具店需要有一定的知名度，因此店址应选择在闹市区或商业街上。

动漫模型店，赚钱的同时带来无限乐趣

动漫产业投资回报高，如果你能选择开一家动漫模型店，借助动漫产业的东风赚钱，也许是一项不错的投资。

🎁 小店成功案例

走进倪鸣在广埠屯的店铺，只见四周都是码放得整整齐齐的五颜六色的动漫模型产品。人们走进其中，就仿佛进入了一个动漫小天地：科幻类、人物手办类、军品模型类……现在他除了销售和代工之外，还开办了一个模型工作室，专门负责模型制作的培训，里面都有好几个培训骨干了。

倪鸣出生于 20 世纪 70 年代末，和很多同龄人一样，在童年时期他就十分喜爱动漫。当时的七龙珠、圣斗士星矢、机器猫，等等，他无一不喜欢，只是限于家庭经济条件，不可能接触到更多的动漫周边产品，以及模型。不过他对于动漫的热情一直没有消退过，即便到现在他还是喜欢看各种动画片。从学校毕业之后，他更换了很多次工作，在几次更换工作之后，他开始尝试创业。可能是因为一直都很喜欢动漫，对这个领域比较熟悉，所以后来倪鸣的创业之梦就从这里开始了。

倪鸣的动漫店在 2005 年开张了。刚开始他做的并不是模型店，其实是动漫周边。当时动漫周边很火爆，市场销售很不错。不过后来进入这个行业的人多了，竞争也就激烈起来。于是倪鸣想到了转行。

就在这时，模型制作吸引了倪鸣的目光。模型制作跟动漫周边不一样，因为模型制作的技术要求很高，不是轻松就能学来的，有一定的入行门槛；同时，做这一块有较高的附加值，能够使店铺深入发展下去。倪鸣一下子就把模型制作作为了自己的新事业方向。

玩具这个行业不断有技术创新，倪鸣也坚信活到老，学到老，永无止境。有些顾客起步较早，得到了不少实践经验，所以倪鸣一边跟一些来店的顾客交流、切磋，一边自己找学习资料研究，丰富理论知识。

功夫不负有心人，倪鸣终于在动漫模型制作上有了自己独特的造诣，并开始代人制作模型。模型制作是一件很耗费时间的事情，有时候完成一件作品要花去倪鸣大半个月的时间，而对于一些不太熟练的人来说，就更漫长，有时候还会遇到很多技术难题。所以现在有很多人选择了请人制作模型，就是前面说的代工。

比如，五星物语的机甲胸像树脂模型，需要经过打磨瑕疵、上底漆、上面漆、上保护漆和拼装等多个工序。这个模型是比较复杂的，一大堆零件，每一个都要细细制作，哪个部位只要稍微有一点错误，就得重新上漆制作，推倒重来。动漫人物手办模型，则更讲究人物的上色、服装褶皱的阴影和层次感。这些都要通过一些上色手法来体现出来。其实模型人物上色是要严格讲究色彩学的，比如，显现黑色就需要先涂上一层黑色然后再加上铁色，显现银色则是要先打一层黑色底然后再上银色，黄色则是要在白底上加黄色。如果颜色配合得不对，就会出现颜色不突出，甚至颜色错误的情况。倪鸣已经完成的这个五星物语机甲胸像树脂模型，现在在国内都是很少见的，做好后会出口到国外，原版盒装2000元，倪鸣收取的手工费也与这个价格相等。

模型适应人群比较广泛。倪鸣的顾客，从5岁到60岁的都有。不过最适宜玩模型的年龄段在25岁左右，这个年龄段，大多有一定的休闲时间，也有了稳定的经济收入，接受力很强，比较容易玩儿出水平来。

目前，倪鸣所经营的模型中，价格从几百元到几千元不等，其中价格在300元左右的塑料模型销售很不错。这些塑料模型在组件的原色上可以加上一些着色，对新手来说有一定的挑战性。而如果制作水平再上升一些档次的话，就可以制作树脂白模了，这些模型的组件没有任何颜色，对于制作者各方面的制作水平要求都比较高，非一般新手能够完成。

现在的模友们，很多都是通过看网上资料和购买书籍来学习模型制作。这些教程中有很多是缺乏针对性、比较偏理论化的阐述。而模型制作需要的是实践性很强的技术，有很多东西是书上和网上学不来的。

针对这个情况，倪鸣开办了模型培训班，根据模友不同的水平，来进行相应的培训。"我们现在通过开办培训班把新手带出来，从最基础的模型打磨开始，逐渐提升。一般来说，一个新手只要认真学习，3个月左右就可以达到制作树脂白模的入门水平了。"倪鸣说。他目前有几个学生比较出色，已经能够独立培训。而其他一些学得好的学员，可以承接一些代工制作。

"工作室是模友们交流的平台。我们现在都很少上网，一般在工作室里做模型，有问题可以到这里解决。"倪鸣说，"我注意到，现在高校的学生很喜欢动漫，对于模型制作的热情也很高，所以我们现在也跟高校的模型组织有联系。像地质大学模型协会的一些会员，就经常过来。"

据倪鸣说，想在模型领域创业并非易事。对于想开店的人来

228 就想开一家自己的小店又赚钱

说，需要扎实的技术水平做支撑，同时也需要积累一定的圈内人脉。一般来说，在高校边大概几万元就能开个动漫模型店。不过现在竞争比较激烈，要上档次的话，考虑到流动资金、店面成本等，则需要20多万元成本。倪鸣说，现在他主要还是从事零部件加工工作，以后他们会走上自己设计生产模型的道路，那样他的模型创业之路会越走越广阔。

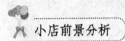

小店前景分析

以动画卡通、网络游戏、手机游戏、多媒体产品等为代表的动漫业被誉为21世纪最有希望的朝阳产业，一些动漫玩具小店也如雨后春笋般出现在街头巷尾。在许多年轻人聚集的地方，都有动漫店的身影，售卖的东西包罗万象，除了动漫游戏和配件、游戏卡、动漫人物模型、游戏攻略手册等相关产品外，还有各种漫画书和各类由动漫造型衍生的学习、生活用品和玩具，以及各类能将普通人快速装扮成动漫人物的服装、饰品等。

目前，中国正处于动漫玩具兴起期，动漫玩具广受20世纪七八十年代出生的年轻人欢迎，再加上小型动漫玩具店的初期投资低，如果做得好的话，可达到50%的回报率，较为适合一些小有积蓄、想赚外快的公司白领经营。

要想成功地经营一家动漫玩具店，需要注意以下几点。

1. 动漫玩具店经营者要对市场流行敏感。动漫业涉及面极广，周边产品多，因此开店前，一定要先了解市场行情，如当前最流行的动漫游戏和游戏机机型等，再根据自己的专长和市场走向，确定以哪种类型的产品为自己的主营点，一开始不能什么都做，要慢慢积累才能形成规模。

2.动漫玩具店选址要跟着年轻人走，动漫是年轻人的"玩意儿"，他们身上深深地烙有动漫情结，而这群消费者中又以学生为主。在动漫玩具店里，经常可以看见穿着校服的学生们，一般来说，有一半顾客都是学生，特别是一些年轻小女孩。因此店面最好选择在学校、地铁站附近或者大型居民区、商业街，一定要找年轻人多的地方，人流量大的地段。

3.动漫玩具店进货要注重品质，坚持卖正版，不要只图眼前利益。有些商家为了降低经营成本，到劣质产品生产商那里进货。虽然从短期经营来看，盈利比卖正版要多，但是从长远来看，这种做法其实是在自断财路。动漫玩具在年轻人眼中是一种文化，不是一个简单的商品，所以买动漫玩具时，他们不会图便宜，进口的正版产品虽然价格要贵很多，但上乘的质量是绝对有力的号召力，销售反而不错。开动漫玩具店有要长远打算，初入行的，可以选择与一些连锁动漫产品厂商合作，产品由总店提供，若产品保持原样的话，一个月内可调换，能适当减少风险。在供货商的选择上一定要慎重，对产品的质量也要仔细检查，不仅要检查玩具的外观、做工，材料也要仔细观察。

4.动漫玩具店要以特色吸引回头客，要配合相关的服务，如游戏机升级、动漫品制作、动漫期刊借阅等，因此店里一定得有相关的懂技术的人员。

5. 动漫玩具店要重视广告投放，这对炒出经营气氛、烘托出旺盛的人气是很必要的。不一定要制作许多漂亮的宣传单，可以通过开网上店，不花钱就能配合运营。也可以尝试与大学里的各种社团合作，比如，去学校的社团报做广告等，其广告费用不会很高，但广告效果却很好。

6. 动漫玩具店的经营者一定要爱动漫，要保持一颗年轻爱玩儿的心，生意一定要跟着潮流走，玩者群中流行着什么游戏，就得卖跟它有关的产品。作为动漫玩具店的经营者，一定要自己对动漫玩具感兴趣，了解动漫商品的特点。因为经常进动漫玩具店购物的消费者中以动漫发烧友为主，顾客会问些专业的问题，如谈到某个动漫经典版的片段时，如果经营者不懂，无言以对，那顾客很有可能下次就不会再来了。有时候，进动漫玩具店的顾客不是为了购物，而是为找人聊些有关动漫的话题，聊完了才顺便买一些东西走。可以通过看一些专门的动漫杂志来了解热门游戏的最新动态，最好能够做一些市场调查，以获得最直接、最迅速的游戏市场信息。只有这样才会使你的店不落伍，永远卖着最前沿和畅销的产品。

7. 适时促销以免积货。近几年来，动漫周边店的数量增长快速，动漫周边产品的价格经常有较大降幅，电子类产品更新快速，有些产品往往一月一价甚至一周一价，因此不妨时不时地到学校送货上门，搞些特价吸引人气。一般而言，每年的3、4月份是一年之中生意比较淡的季节，而9、10月份因为动漫展比较密集，生意最为火爆。经营时一定要把握好这些季节变化才能不造成积货。

8.采用会员制经营促销售。可以为经常光顾的消费者办理免费会员卡，并可享受8～9折的优惠，以培养忠诚顾客，同时，作为一种时尚消费品，动漫玩具的流行周期比较短，不能大量库存，通过做会员卡掌握顾客数量，进货时心里会比较有底。

向特色看齐，投资 Q 版卡通雕像小店

要想抢占市场，就要注重店铺的特色，Q 版卡通雕像小店正是具有特色且容易抢占市场的小型店。

🎁 小店成功案例

你有否见过这样一种小店：店外的玻璃橱窗里，摆放着不少尺寸约为20厘米的人物雕像，好似一个小人国。走进店内，货架上是更多栩栩如生的人物雕像，有欢笑的孩子，有甜蜜依偎的爱人，还有帅哥和漂亮的美眉。仔细看看，你会注意到雕像旁放有照片，两相对照会发现原来那些卡通雕像正是照片上的人。

没错，这就是时下在上海、北京、成都等地出现的卡通雕像店。在这里，顾客只要提供照片，雕塑师就能通过手工捏制出和本人长得一模一样的卡通小人。可别小看这门儿生意，有人就是抓住商机，靠它赚到了丰厚的回报。

2001年，小杜从外地来到上海，在某车行担任汽车销售一职。因业务难做，不久她便辞去工作，借钱开了一家艺术礼品店，但是生意一直处于亏损状态。

2003年，韩剧旋风席卷中国大陆，小杜也成为一名"韩迷"。一次，她被某部韩剧中的小道具——卡通雕像所吸引，于是托在工艺品公司的朋友打听，了解到卡通雕像在韩国、日本、美国十分流行，深爱年轻人的喜爱，但国内目前尚无这类卡通雕像店。这给了小杜一个启发：既然该项目在国内尚属空白，发展前景应当不错。

说干就干。小杜从网上查到一家愿有偿传授卡通雕像加盟的公司。2005年年初，经过一番筹备，小杜的卡通雕像店开业了。单人定价388元，双人788元。

这种时尚的新玩意一露面，就受到许多追求时尚、浪漫的年轻人的青睐。开店两个月，小杜就接了400多张订单。除去各种成本，她净赚了12万元。

对于小杜的成功，专家指出，其成功就在于市场定位准确。为了留住动人时刻，人们通常会拍照、录像。但用卡通雕像，只要提供一张照片就能把青春瞬间定格，且比照片更立体、更生动。在讲求个性的今天，卡通雕像不啻结婚纪念日、生日、情人节等特别日子的极有新意的礼物。

此外，小杜懂得主动培育市场。由于年轻人比较容易被个性东西所吸引，因此正是最适宜主攻的卡通雕像的消费者。这一点，小杜拿捏得很准。她把目标客户锁定在 18 ~ 35 岁的年轻人身上，用各种办法向他们推介自己的小店。譬如进行网上宣传，她先到 BBS 上发布小店的最新信息，当有人流露出兴趣时，她马上跟帖。又如在节假日，她经常搞一些配套折扣优惠活动。此外，她还有更长远的规划，准备与婚庆行业、影楼合作来扩大经营。这些经验，对于想涉足卡通雕像行当者，都是值得学习、借鉴的点子。

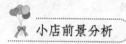

小店前景分析

Q 版卡通雕像源于韩国，顾客只要提供一张照片，雕塑师便会以照片中的样子做一个神形兼备的卡通雕像。目前，它在新加坡、韩国等国家，以及我国香港、台湾等地区非常受欢迎。若在北京这样的城市开一家这样的经营卡通雕像的小店，经营得好，一年盈利便能够达到 10 万元左右。

就想开一家自己的小店
又赚钱

开一家拼图小店，快乐赚钱

开一家拼图小店，把赚钱的目光转向那些崇尚个性休闲方式的消费者身上，也许会为你带来意想不到的财富收获。

🎁 **小店成功案例**

拼图这一古老的益智游戏，已经有 200 多年的历史，至今盛行不衰。它不仅是一种游戏，也可以是培养艺术欣赏能力的好方法。在堆砌手中小小方寸之时，也能够静下心来细细地品味作品，然后通过双手将其完美呈现。在拼图的过程中，人们会观察画面的构图，体会色彩、笔触的变化，熟稔画家的特色……这也正是一家名为"雷诺瓦"的特色店铺创立的宗旨。一块块的拼图，成了人们提升自身艺术涵养的文化营养品，这让"雷诺瓦"不单单只是一家拼图专卖店，而是让人们更容易将艺术融入生活的拼图文化坊。

20 年前，师大总店成为"雷诺瓦"拼图文化坊在台湾地区的起点，一路走来，不断累积的经验和对拼图不灭的热情，使"雷诺瓦"将拼图文化不断传播开来，从一开始引进德国、西班牙、英国、意大利、加拿大等国的拼图，到 2005 年起独家取得知名绘本作家几米授权，首度推出华人自制拼图，至今已成立了 20 多家分店，并于 2007 年在上海陆家嘴驻足，落户正大广场，正式开拓大陆市场。

走进正大广场的这家"雷诺瓦"拼图文化坊，人们会立刻被竖着摆放在门口的汽水罐模型吸引住，它艳丽的色彩，极具立体感。店员潘小姐说，这是店内的镇店之宝，人气很高的一款经典作品。另一侧摆放着一个立体的地球仪，光泽度很强，不走近看根本分辨不出这是由一片片拼图拼接而成的。仅这两件作品便足以已让顾客有了耳目一新的感受。

约 30 平方米的店内，以明黄色和深灰色作为主色调，为顾客营造了一个轻松愉快的氛围。店铺的墙上悬挂着大量的展示品，很多艺术品的拼图再现都令人惊艳，光是欣赏就感觉不虚此行了。店内的拼图系列五彩缤纷，据潘小姐介绍，除了有知名绘本作家几米的系列拼图，还有"名家艺术典藏"系列、"故宫典藏"系列、永未失去童心的刘其伟系列、点缀宁静夜晚的"夜光拼图"、古灵精怪又天马行空的"Charlie&amp、Lola"系列，以及更多高品质、多选择的进口拼图，例如，西班牙的"Educa"、德国的"Heye"、意大利的"Impronteedizioni"、荷兰的"Jumbo"，等等。其中来自西班牙的 Educa 拼图，涵盖了各式各样的风格与种类，更有目前世界上出售的最大的拼图，共有 24000 片，价值 4280 元，是店内单价最贵的超大拼图。不仅如此，在一般平面拼图之外，更有球体拼图与 3D 拼图，让拼图迷

就想开一家自己的小店
又赚钱

们以一种全新的角度进入拼图艺术的殿堂。

正是由于多元又丰富的玩乐选择，服务的质量与态度往往会在很大程度上影响着一个品牌的口碑。"雷诺瓦"的店员虽然不多，但是每一位都非常耐心、和蔼，而且都是发自内心地热爱拼图。"因为天天要跟拼图打交道，自己都没有兴趣的话，怎么带动客人？"潘小姐说道。据了解，拼图也是现任雷诺瓦创办人黄丽娟最大的乐趣。

店内有一张长长的桌子，潘小姐说，每一家"雷诺瓦"都有这样一个小区域，是店内特设的免费体验区，以供大家学习和实践体验，可以坐着欣赏成品，也可以自己动手在这里享受拼图的乐趣。一个七八岁的小女孩在一堆零碎的拼图前坐着，正在很用心地思考手上小小方寸所属的正确位置。这样快乐简单的生活画面常常可以在雷诺瓦店里寻找到。

人靠衣装，佛要金装，拼图更需要漂亮的框。"雷诺瓦"也为顾客贴心地提供装裱服务，搭配得宜的框会让拼图看起来更漂亮，顾客可以在拼完之后把拼图拿到店里另外裱框，用来装饰房间，使生活空间更富情趣。店内会提供多种裱法和框样供顾客选择参考。裱框的价格会根据拼图大小、外框、裱法等因素有所差异。潘小姐还说，当顾客要拿着拼图来裱框时，不用拿个大纸板去，只需要把拼好的拼图分成几张 A4 纸的大小，分别平铺在几张 A4 纸上，叠起来放在盒子里，带来给他们裱框就可以了，裱框的时候他们还会对拼图做一些工艺处理。

另外，"雷诺瓦"也有补片的服务，这是其他拼图店绝对没有的一大特色，会员可以免费补片。拼图缺片实在是一件令人沮丧的事儿，顾客可以将完整盒装带至店内，由服务人员确认缺片坐标位置，或者由顾客自己取下缺片的周围八片确认位置，雷诺瓦都会尽最大努力弥补缺憾。

作为在大陆的首间分店，雷诺瓦旗舰店店址选在了浦东陆家嘴正大广场，于 2007 年正式开幕。正大广场位于黄浦江江畔，毗邻东方明珠和金茂大厦，提供集购物、餐饮、休闲和娱乐于一体的现代化服务和设施。而作为金融中心区的陆家嘴，现在已是上海最具魅力的地方之一，许多外籍人士、高级白领都聚集于此。

据了解，两年前第一家雷诺瓦店在浦东开店之时，正大广场是当时陆家嘴唯一一个大型购物广场，之所以选址在这里，也是看中了这里人流量比较集中这一优势。从目前商场的经营内容来看，其所吸引的租户大多是大型知名店铺，由于在地理上占据了绝对优势，因此店租也就特别昂贵，每月高达 3 万元人民币。

如今，"雷诺瓦"已在上海总共开设了 4 家分店，另外 3 家分别选址徐家汇美罗城、南京西路四季店，以及长寿路调频壹商场，皆地处上海市中心繁华地带，交通便利，各个阶层的"潮人"都可以前往这些拼图圣地，感受无穷的欢乐和成就感。

潘小姐表示，"雷诺瓦"还会逐步另开分店，进一步拓展市场规模。为了让更多爱好拼图的人们有互相交流、分享心得的

就想开一家自己的小店
又赚钱

机会，在2009年的夏天，"雷诺瓦"在上海举办了第三届"拼图王"比赛，为摩拳擦掌的资深拼迷或跃跃欲试的菜鸟拼手提供了一次不可多得的宝贵的体验机会。

据了解，"雷诺瓦"每年都会定期举办三大活动：第一是雷诺瓦最经典的赛事"双人赛"，不管是父子档、母女档、兄弟档、姐妹档、朋友档都可以来同欢；第二是适合挑战自我的"拼图王"活动，不只是精神上的刺激，还是对自身拼图技艺的磨炼，并能透过比赛观摩其他拼迷们拼图的方式和心得；第三是和亲朋好友一起来同乐的"拼图马拉松"，这是令人沸腾的超人气赛事，24小时彻夜挑战5000片以上的拼图。不仅如此，"雷诺瓦"还将在上海新开的调频壹商场举办一个拼图文化周活动，届时会在商场每个楼面展示各类特色拼图，也会举办一些活动来吸引拼图爱好者们。

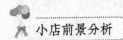

小店前景分析

时下，多数人的休闲方式已不再拘泥于远游，而是喜欢找一种既有个性又能带来情趣的休闲方式。如果开一家既能让消费者怡情消遣，又能够装饰家居、馈赠亲友的拼图小店，肯定会有钱可赚。

该类经营，店面所处的地理位置十分重要，因此在开店选址时要慎重。在大型商场购物中心里找铺位是明智的选择。大商场中的"店中店"，购物环境好、消费档次高、人流量也大，因此

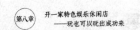

利润高、收益快。

拼图店是小本经营，因此在进货时就更要注重数量上的控制，不要贪多。要注意在品种上多选择，而每一品种进货数量要少，要拉开消费档次，满足各层次顾客的要求。各种拼图就产地而言，有国产的，也有日本的、韩国的；就品种而言，除了常见的纸质拼图之外，又分为夜明、闪光、纸质、木质等类型；就规格而言，儿童拼图是60元，其他拼图则为108～5000元；就价格而言，进口拼图明显比国内拼图贵。以1000元为例，日本进口夜光拼图售价为350元，而国产夜光拼图只售48元，前者价钱是后者的7倍多。不同档次的拼图能满足不同消费能力的顾客的需要。

拼图进货一定要求精，一定是原装正版的，进货时设法直接与代理商联系，减少经销环节。另外，为了增加店铺收入，店内还可以兼营一些特色精品，如手工制作的瓷器、立体贺卡、日本开运铃等。

就想开一家自己的小店又赚钱